中餐烹調

竹籬笆裡的飯菜香

藉由「眷村菜」此媒介，介紹餐桌上常出現的經典菜色，透過故事與食譜、廚藝技巧展示呈現，自然又生活化的說明另一中餐烹調重點。

第二版

充滿幸福溫度的眷村菜

五南圖書出版公司 印行　　謝旭初、林芳琦、掌慶琳 著

編輯大意

　　「眷村」曾經是臺灣指標性的族群生活空間，許多艱困耕耘、發奮報國、團結合作、相互提攜的生活歷程都曾在眷村發生，雖然辛苦卻也多姿多彩，寫下臺灣傳奇的一頁。儘管眷村生活圈已日漸式微，但眷村生活型態與文化精神卻令後人懷念與追隨；其中，「眷村菜」因為貼近生活，而更顯容易實踐，本書的作者群基於這樣的一種文化傳承理念，開啟了撰寫本書的想法。

　　本書的鋪陳上希望能以循序漸進的方式，使讀者透過第一單元「眷村的樣貌」，先由認識甚麼是眷村開始，進而了解眷村在哪裡，以及眷村的生活；之後，進入第二單元「眷村的飲食生活」，這個單元會真正進入探討眷村居民的飲食，首先，由眷村居民的食材來源開始介紹，再說明甚麼是眷村菜，眷村菜如何形成；初始的認識眷村菜後，第三單元「啊，這就是眷村菜！」將更細緻的介紹眷村居民的主食，日常生活與非常生活的飲食內容、特色和差異，與眷村菜口味的轉化，和眷村菜最重要的精神—融合；第四單元「手做眷村菜」，則特別介紹幾道眷村家庭餐桌上時常出現的菜餚，透過故事與食譜，讓眷村菜更生活化，也期望讀者能從中體驗動手做眷村菜的樂趣，並透過品味感受當時眷村生活的美好。

　　由於過去少見以專書的形式介紹眷村菜的書籍，且也多半未清楚說明何謂眷村菜；因此，本書關於眷村菜的內容，全都經由文獻資料整理分析，再運用焦點團體與深度訪談等研究方法，先萃取出眷村菜的概念與脈絡，再整理出眷村菜的特色、口味、作法等。

　　當年，第一代的眷村居民們因戰亂來到臺灣，居民的構成來自大江南北，口味自然迥異，且早期生活水準遠不如現今富裕，家庭人口多而軍餉少的情形下，許多的眷村媽媽如何以廉價的食材，做出一道道令人回味無窮的料理，以填飽家中一家老小的肚子，成了當時眷村媽媽們每天生活都必須面對的課題；尤其，因為眷村生

活貧乏，通常都以手邊現有食材來烹調：配給黃豆，就燒黃豆豬皮；配給麵粉，就包餃子；家門前種的菜成熟了，就炒來吃，不夠味再加點醬油或辣椒；遇到颱風天則炒銀芽。彷彿眷村媽媽們總能像魔術師一樣，運用手邊僅有的食材變出一桌子的美味，尤其這些令人垂涎的佳餚已打破傳統家族的沿襲，而是由左右鄰舍的口耳相傳、相互學習而得；眷村媽媽們也善於以習得的手藝招待前來的客人，更樂於與鄰居好友們一同享用。隨著經濟的興起，眷村菜的食材與調味獲得更廣泛的運用，呈現更多元的樣貌，為飲食生活提供更多樣化的選擇；而眷村菜因環境背景所產生的「融合」特質，使眷村菜成為「臺灣飲食界的特有種」，已為臺灣的飲食文化寫下嶄新的一頁。

　　為呼應眷村生活裡那種「竹籬笆味道」甚濃的人情味，與互助分享的精神，在眷村即將拆遷殆盡，眷村精神文化日漸式微之際，我們冀望本書的出版能為眷村文化的推廣與傳承盡一份微薄的心力。

　　　　　　　　　　　　　　　　　　　作者群謹識
　　　　　　　　　　　　　　　　　　　國立高雄餐旅大學
　　　　　　　　　　　　　　　　　　　中華民國104年12月2日

作者序

在臺中，就是住在空軍眷村的對街，0歲到11歲，搬了家，11歲到36歲，對街還是有著另一個空軍眷村，在新竹就了業，附近竟也是空軍基地。雖然不是來自眷村，卻也有眷村生活的深刻體驗，從稚齡、小學、國中、高中，一直到大學時代，來到產業界，輾轉到教育界服務，眷村都還是生活經驗的一部分，有兒時的玩伴，有同學、有同事，有玩耍的記憶，有結群打架的刺激經驗，有同事經營的情感，尤其，眷村美食的永恆回味更是凌駕在所有眷村生活回憶之上，構成前半輩子最深刻的記憶。

因為眷念著小學時眷村高同學的媽媽（高媽媽）高超眷村菜的烹調技藝，所以對眷村菜有著高度的認同感，稍長，到了另一個眷村，幸運結識了老奶奶（我們都稱他老奶奶，不知其姓名），也常在她府上廝混，充分享受了道地的眷村手藝，就了業，同事竹生兄，更是眷村菜練家子。前半生何其有幸，享受著眷村風味的滋潤，現在，該是回饋的時候了；整理小時候的記憶，將記憶化作細細的品嚐，將經歷過的眷村生活點滴及眷村美食，結合了芳琦整理的眷村文獻資料及研究，運用習得的烹調技藝，還原曾有的眷村風華，並將傳統眷村美食一道道的呈現。

在國際學院掌院長慶琳的鼓舞下，芳琦先進的贊助下，仁人合作編著了《竹籬笆裡的飯菜香—充滿幸福溫度的眷村菜》一書，也感謝國立高雄餐旅大學的獎助計畫，承諸多好友的友情贊助與指引，完成了這本書，願它是個開端，願有更多的有心人，挖掘更多的眷村優良傳統與美味佳餚，讓眷村精神永遠不滅。

飲食之先，在意境欣賞，欣喜而神往之，再見豐餚，得心領而神會，人生至樂也，尤於傳統復刻，有學風、談民生、慶團圓，更有舒心志、展鴻圖、益社會之企圖，眷村飲食中，享意境，眾人得享，今於高雄餐旅大學賀享之！

想擴及全民，望結緣諸位前輩先進，能賜眷村敘事之竹籬笆裡的飯菜香之指引

諍言，並同享眷村菜之美味內涵，廣及社會每個家庭，與本校師生共享這竹籬笆裡的飯菜香氣氛，或許也能依此意境，展現每個家庭的優越廚藝，得到舉國皆樂眷村菜的境界，是旭初所願！

謝旭初
於國立高雄餐旅大學
中華民國104年12月2日

作者序

　　車行進入一個寫著「自立新村」的大門，首先映入眼簾的是一個大大的圓環，圓環中央矗立著過去的領袖塑像，所有的人車都得繞著圓環走一小段才能通往各自回家的路；村內的格局十分對稱，是一座軍醫院改建的眷村，路的兩邊種植許多不畏海風的木麻黃。行經籃球場後，有戶人家的紅色大門邊的小花圃開滿了天人菊、日日春、太陽花，還有許多不知名的小植物，這片小花圃的後面是一整面的空心磚牆，越過空心磚牆，牆內種了兩株木瓜樹，樹下還種了些小白菜、辣椒和綠豆。有人從隔壁端了盤香氣四溢的蔥油餅走了進去；不久後，屋內傳出朗朗的笑聲和說話聲，有三個小女孩和一個小男孩從屋內衝出來，大喊「我們要去抓金龜子囉！」喔，那其中一個小女孩是我……。

　　在童年的記憶中，印象最深刻的莫過於是住在眷村的那段時光，雖然居住在眷村的時間不長，卻依稀記得在村裡生活的點點滴滴，那絕對稱得上是一段有笑有淚的兒時回憶。長大後的某天，行經臺南的一處國宅，有個小攤，一個老媽媽正桿著餅皮，鍋裡的蔥油餅和煎油滋滋作響，我身體一偏，深吸一口氣，眼往鍋裡一瞪，「啊，就是這個香味，就是長這個樣子，好懷念啊！」拿到蔥油餅，顧不得剛起鍋的熱度就大口咬下，蔥香伴著麵粉香從嘴裡化開，我想起了在海島眷村的日子，隔壁高媽媽的蔥油餅最是令人回味，而正在咀嚼的蔥油餅就如同高媽媽的手藝，是我最喜愛的滋味；只不過，在搬離眷村後，我就再也沒遇過這樣的好味道了！

　　因為懷念眷村的飲食生活，開始留心市場上打著眷村名號的各式美食小吃，吃著吃著，不經自問：「什麼是眷村菜？眷村菜是什麼樣貌？吃起來是什麼味道？有道地眷村菜嗎？」為了一解內心的疑惑，透過焦點團體與深度訪談數十位眷村菜餐廳業者、眷村居民與記者，將眷村菜作了初探性的研究；也因為這個研究何其有幸認識謝旭初老師，與我的指導教授掌慶琳老師，由於他們的無私與奉獻使本書得以

完成，也感謝所有的受訪者，以及為眷村文化、眷村美食的傳承與推廣默默努力的所有朋友們！

　　願以此書為臺灣的飲食文化留下歷史的刻痕！

林芳琦

作者序

　　我來自於一個南北合的家庭，也是所謂的芋仔番薯。但是，自記憶以來，小時先和外公外婆住過日式房子，念小學時搬去和爺爺奶奶住過糖廠的宿舍，似乎從未住過眷村。然而，隨著就學的同學之故，小時候的確有出入眷村找同學玩耍的童稚記憶，眷村菜也就自然而然、或多或少有些體驗。

　　眷村菜，事實上是國民政府1949年播遷來臺，自然形成發生在眷村，強調物盡其用、串門子時共食分享的菜式。它因為不同省籍的通婚之故，飲食從而平行流動，成為融合五湖四海、大江南北的菜。雖然在時空背景的流轉下，眷村大多被拆除轉型成為國宅和大樓，但是衷心期望不久的將來，當我們去「四四南村」遊逛時，除了所刻意保留之眷村文化館得以參訪，也能在同一地點，品嚐到簡單有味的眷村家常菜！

　　此書之完成，特別要感謝芳琦和旭初老師。前者之初心、熱情、行動力，是本書得以完成之樑柱；後者之發想、研發、廚藝展演及食譜菜單，更是豐富本書生命之活水。此外，特別感謝高餐大的同仁及五南圖書！謹以此書，獻給所有認同眷村的同胞！

掌慶琳

CONTENTS

C O N T E N T S

chapter
4

手做眷村菜

CONTENTS

眷村的樣貌

CHAPTER 1

這是一本介紹眷村菜的書，我們希望，透過這本書的介紹，讀者可以稍稍描繪出眷村菜的樣貌，想像眷村菜的味道。為了探索眷村菜，我們運用了一些研究方法，主要是焦點團體與深入訪談法；不過，本書的目的不在於介紹研究方法，只是仍希望讀者能夠了解，此書是透過研究方法的運用而獲得眷村菜的初步輪廓。此外，在書中，也推薦了幾道常見的眷村菜並提供食譜，希望讀者在閱讀之外，也能動手做，不僅能從中獲得烹調的樂趣，也能實地感受到眷村菜所帶來的美好。

　　但，要認識眷村菜之前，我們先來聊聊什麼是「眷村」？眷村在哪裡？眷村究竟是什麼樣子？有多少人口？居住在眷村的這些人又過著什麼樣的生活呢？

1.1　眷村是什麼？

　　「眷村」以字面上的意思解釋，就是指給眷屬們居住的村落。在臺灣，許多行業都有建造房舍讓員工眷屬集中居住的情形，常見的如國營的糖廠、鐵路等，都有所謂的員工宿舍，許多學校也有教職員宿舍，這些可說是廣義

的眷村；而在民國 38 年，因國共內戰失利，國民政府遷移來臺後，政府為了安置跟隨來臺的軍人眷屬們有居住的地方，以接收日軍的宿舍，或是於部隊周邊興建房舍供軍眷們居住，這種集中式的居住區就是狹義的「眷村」。在本書中，我們所說的「眷村」，就是指狹義的「軍眷村」。

針對眷村，我國部分法律條文有相關之規定，如〈國軍老舊眷村改建條例[1]第三條〉：本條例所稱國軍老舊眷村，係指於中華民國 69 年 12 月 31 日以前興建完成之軍眷住宅，具下列各款情形之一者：一、政府興建分配者；二、中華婦女反共聯合會捐款興建者；三、政府提供土地由眷戶自費興建者；四、其他經主管機關認定者。本條例所稱原眷戶，係指領有主管機關或其所屬權責機關核發之國軍眷舍居住憑證或公文書之國軍老舊眷村住戶。

在國軍老舊眷村改建條例第三條所指的老舊眷村，也就是後來我們常聽到的「眷村改建」指的眷村；這些居住在老舊眷村裡的居民沒有居住地的地權，地權仍屬國有；除了職務官舍之外，民國 69 年以後興建的軍眷住宅，

---

[1] 「國軍老舊眷村改建條例」民國 85 年 2 月 5 日制定公布全文 30 條。

居民都擁有產權，也就是產權已私有化，而不再是「國軍老舊眷村改建條例」中所指的眷村。

　　國軍軍眷業務處理作業要點[2] 第五點第二條：本作業要點所稱眷村、眷舍，係指由公款所建產權屬國（公）有或奉准撥地自費興建者。在已廢止的國軍軍眷業務處理辦法[3] 第十三條：本辦法所稱眷舍，係指由公款所建，及產權屬於國（公）有者為限。第十七條：現役軍人、遺眷及無依軍眷，經核定眷補有案尚未配眷舍、補助貸款、輔助購宅者，得申請分配眷舍，但軍事學校學生及退伍人員暨卹期屆滿之遺眷，不得申請分配眷舍。

　　因此，由上列各項條文，我們可以得知，在民國 45 年至 91 年，政府對於軍人眷屬及遺眷的照顧包含「居住」，可以向有關單位申請分配眷舍，而眷村則是指在國有地上由公款興建或自費興建以作為提供軍眷們居住使用的地方。

---

[2] 「國軍軍眷業務處理作業要點」民國 93 年 5 月 14 日國防部勁勢字第 0930006692 號令修正。

[3] 「國軍軍眷業務處理辦法」民國 45 年 1 月 11 日公布，民國 91 年 12 月 30 日廢止。

然而，眷村並非是國民政府來臺後的產物，國軍眷村的起源最早可追溯到民國 21 年，胡宗南將軍就曾安排專人負責隨軍軍眷的房舍，鼓勵軍眷生產手工製品以增加收入，並且以公家付費的方式，安排軍眷子弟到各級學校接受教育；其他如湯伯恩、俞大維亦有軍眷福利的相關措施。[4] 爾後，政府陸陸續續提出許多對於軍眷照顧的相關政策；民國 39 年，這些關於軍眷照顧的政策則統一交由聯勤總部聯勤留守業務署辦理。

1.2　眷村在哪裡？

由於與眷村相關的文獻實在少之又少，所以本書中的眷村相關資料多半引用郭冠麟主編，國防部史政編譯室出版的《從竹籬笆到高樓大廈的故事—國軍眷村發展史》一書，以具有公信力的政府出版品的數據來為眷村的數量作統計。依據郭冠麟所述，眷村時有遷移、合併、散居等情形，再加上眷村改建，造成許多眷村合併或消失，使得眷村統計相當困難。直到民國 74 年，

4　郭冠麟主編，從竹籬笆到高樓大廈的故事：國軍眷村發展史（臺北市：國防部史政編譯室，2005），2-3 頁。

國防部總政治作戰部眷服處製作「國軍列管眷村資料名冊」，使眷村統計有較具規模的資料，郭冠麟以「國軍列管眷村資料名冊」與民國 90 年「中華民國國軍眷村協進會」所進行的眷村調查交叉比對後，共整理出 886 個眷村，可說是目前最完整的版本。針對郭冠麟所彙整的國軍眷村一覽表，根據不同縣市及軍種整理出全臺的眷村數量，如下表 1-1：

表 1-1　國軍眷村在各縣市及各軍種的眷村數量一覽表

單位：村

行政區（直轄市或縣、市）	軍種或列管單位									合計
	陸軍	海軍	空軍	聯勤司令部	後備司令部	憲兵司令部	國防部總務局	軍事情報局	國家安全局	
基隆市	10	8	2	1	1	0	0	0	0	22
臺北市	35	4	43	28	14	8	29	11	4	176
新北市	29	3	10	8	17	2	15	2	5	91
桃園市	46	0	27	5	2	1	3	2	0	86
新竹縣	2	0	2	0	0	0	0	0	0	4
新竹市	17	0	26	2	0	0	0	0	0	46
苗栗縣	5	0	1	1	0	0	0	0	0	7
臺中市	47	1	47	18	7	2	0	0	0	122
彰化縣	8	0	0	0	1	1	0	0	0	10
南投縣	3	0	1	0	0	0	0	0	0	5
雲林縣	1	0	6	0	1	0	0	0	0	8
嘉義縣	3	0	4	0	0	0	0	0	0	7

（續接下表）

行政區（直轄市或縣、市）	軍種或列管單位									合計
	陸軍	海軍	空軍	聯勤司令部	後備司令部	憲兵司令部	國防部總務局	軍事情報局	國家安全局	
嘉義市	12	0	9	1	1	1	0	0	0	24
臺南市	28	0	19	4	4	2	0	0	0	57
高雄市	39	41	24	17	4	1	0	1	0	127
屏東縣	3	0	25	0	3	1	0	0	0	32
宜蘭縣	9	0	2	10	1	0	0	0	0	22
花蓮縣	0	1	12	0	4	0	0	0	0	17
臺東縣	0	0	3	2	5	0	0	0	0	10
澎湖縣	4	6	2	0	1	0	0	0	0	13
總計	301	64	265	97	68	19	47	16	9	886

說明：

1. 本表內容依郭冠麟主編《從竹籬笆到高樓大廈的故事：國軍眷村發展史》第 387-484 頁所列「國軍列管眷村一覽表」整理，惟整理過程發現原表中有部分村址有誤，項次 729 警信新村原村址為臺北市中和市，修正為新北市中和區；項次 762 成功新村原村址為桃園縣三民路一段，因目前未蒐集到警備總部列管之成功新村資料，依原作者所列計入桃園市內；項次 812 憲兵新村原村址為臺南市內湖區，修正為臺北市內湖區。

2. 陸軍列管單位包含陸軍總司令部、陸軍後勤指揮部、陸軍第六軍團、陸軍第八軍團、陸軍第十軍團與陸軍澎湖防衛指揮部。

　　從表 1-1 中可得知全臺的 886 個眷村中，軍種以陸軍眷村最多，有 301 個村，行政區域則以臺北市的 176 個眷村占全臺之冠，其次是高雄市，有 127 個村；此外，臺灣北部（包含基隆市、臺北市、新北市、桃園市、新竹

縣、新竹市）就有 425 個眷村，占所有眷村數量近 48%。

1.3　眷村有多少人口？

我們從過去的文獻資料了解全臺灣有 886 個眷村，其中又以陸軍眷村最多，且北部的眷村數量占全臺將近一半的比例，雖然如此，眷村人口究竟有多少，卻一直未有個正確的數據。

日治時期，臺灣總督府企劃部於昭和 10 年（1935 年）至昭和 18 年（1943 年）每年皆有進行「臺灣常住戶口統計」，以本籍的內地籍、臺灣籍、朝鮮籍與國籍的中華民國籍與其他外國籍進行人口調查。昭和 15 年（1940 年）的臺灣人口總數為 6,077,478 人，昭和 16 年（1941 年）的人口總數為 6,249,468 人，昭和 17 年（1942 年）的人口總數為 6,427,932 人，昭和 18 年（1943 年）的人口總數是 6,585,841 人，我們將昭和 15 年至昭和 18 年之臺灣常住籍別人口整理如表 1-2。

圖 1.1　臺灣總督府是臺灣日治時期的最高統治機關。（維基百科）

　　由表 1-2 初估臺灣每年約增加 15 萬人口數，若以每年人口數增加 15

萬人口計算，則推估民國 45 年臺灣應比 1943 年增加約 195 萬人；臺灣光

復後，日軍撤退，以臺灣籍人口在 1943 年約 613 萬人，預估民國 45 年，

臺灣人口約有 808 萬人，但在民國 45 年的「臺閩地區戶口普查」，臺閩地

區人口數有 9,367,661 人，比原本預計的 808 萬人約增加 124 萬人，除了人

口自然增加的因素外，應當為政府遷臺所帶來的大量大陸移民人口；此外，

民國 55 年的「臺閩地區戶口及住宅普查」[5] 人口數為 13,505,463 人，推測除

5　民國 45 年「臺閩地區戶口普查」普查日期及普查標準時刻為民國 45 年 9 月 16

了戰後嬰兒潮所帶來的新生兒人口數外，**1955** 年撤退來臺的大陳義胞，[6] 以

及陸續由泰緬、香港或其他各地因戰亂而至臺灣生活者亦增加不少人口數。

表 1-2　1940-1943 年臺灣常住籍別人口表

單位：人

年代	總數	本籍			國籍	
		內地籍	臺灣籍	朝鮮籍	中華民國籍	其他外國籍
昭和 15 年（1940）	6,077,478	346,663	5,682,233	2,299	46,190	93
昭和 16 年（1941）	6,249,468	365,682	5,832,682	2,539	48,483	82
昭和 17 年（1942）	6,427,932	384,847	5,989,888	2,692	50,429	76
昭和 18 年（1943）	6,585,841	397,090	6,133,867	2,775	52,020	89

說明：資料整理自臺灣法實證研究資料庫 http://tadels.law.ntu.edu.tw/；出處：臺灣常住戶
　　　口統計。（擷取時間：2013 年 6 月 17 日）

　　日零時（1956），民國 55 年「臺閩地區戶口及住宅普查」普查日期及普查標準
　　時刻爲民國 55 年 12 月 16 日零時（1966），兩次範圍皆爲普查標準時刻居住
　　在臺閩地區境內之中華民國國民（包括現役在營海陸空軍軍人及派駐國外之文
　　武公務人員及其眷屬）及外僑（不包括各國駐華文武公務人員及其眷屬）。資
　　料來源：中華民國統計資訊網，〈歷次普查概況〉，來源：http://www.stat.gov.
　　tw/。（擷取時間：2013 年 6 月 17 日）
6　民國 44 年 1 月 18 日一江山島失守後，政府決定撤守位於一江山島旁的大陳島，
　　將大陳島上一萬餘名居民全數撤離，僅一位大陳島民因病留在島上；當時居民
　　跟隨國軍撤離大陳島總計花了四天的時間。

由上述數據估算，在民國 38 年後，因政治因素陸續遷至臺灣的大陸移民人口應有一百萬人以上，雖然這一百萬以上的移民人口不全居住在眷村，但大量移民人口確實對臺灣的整體社會、文化及生活都帶來莫大的影響。

眷村究竟有多少人口，即使無法有一確定數據，但郭冠麟所彙整的「國軍眷村一覽表」中有各地與各軍種的各眷村戶數數據；郭冠麟也表示，國軍眷村的建造時間、建物各有不同，而且數量眾多，早年因為軍事機密與軍事安全考量所以沒有完整的統計數據，直到民國 74 年，國防部總政治作戰部才開始建立整體的眷村檔案，當時檔案計有 376 個眷村，且不包含散居戶。民國 90 年，各地眷村自治會長聯合組織「中華民國國軍眷村協進會」亦進行調查，不論是否已改建，只要仍有自治會組織的眷村或社區均列入統計，然而上述兩種統計數據都是以仍有「自治會[7]」組織的眷村為主，郭冠麟的國軍眷村一覽表即以上述兩種數據加上國軍各軍種所提供的資料整合而成，

---

7 根據已廢止的「國軍軍眷業務處理辦法」規定，眷村應設自治會，且有自治會長與委員；自治會主要負責協助軍方管理及處理眷村內大小事務，包含政令宣導與推廣等，同時也代表眷村居民與軍方協調、互動，性質有些接近現今的村、里長。

本書所列的眷村各項數據也以郭冠麟所列「國軍眷村一覽表」作為依據。雖然郭冠麟未明確指出統計時間，也有少數眷村可能因年代久遠而戶數不明，但仍是較完整之眷村統計初始資料，我們將它整理如表 1-3。

圖 1.2　在「反共抗俄」的年代，在眷村常有各式各樣的精神標語，照片為高雄市左營區海光三村。（作者提供）

表 1-3 國軍眷村在各縣市及各軍種的眷戶數一覽表

單位：戶

行政區（直轄市或縣、市）	軍種或列管單位									合計
	陸軍	海軍	空軍	聯勤司令部	後備司令部	憲兵司令部	國防部總務局	軍事情報局	國家安全局	
基隆市	448	849	24	87	24	0	0	0	0	1,432
臺北市	2,182	829	4,202	2,479	1,050	909	2,579	789	283	15,302
新北市	4,254	398	678	517	1,035	139	1,541	162	337	9,061
桃園市	9,379	0	1,572	1,163	147	140	442	127	0	12,970
新竹縣	118	0	103	0	0	0	0	0	0	221
新竹市	1,727	0	2,817	56	50	0	0	0	0	4,650
苗栗縣	144	0	38	309	0	0	0	0	0	491
臺中市	6,209	45	4,481	752	622	60	0	0	0	12,169
彰化縣	546	0	0	0	17	16	0	0	0	579
南投縣	161	0	9	0	8	0	0	0	0	178
雲林縣	25	0	336	0	16	0	0	0	0	377
嘉義縣	281	0	511	0	0	0	0	0	0	792
嘉義市	1,119	0	1,491	5	18	19	0	0	0	2,652
臺南市	6,133	0	3,528	314	231	159	0	0	0	10,365
高雄市	4,820	11,218	2,713	2,189	176	48	0	47	0	21,211
屏東縣	282	0	4,030	0	416	17	0	0	0	4,745
宜蘭縣	678	0	73	549	36	0	0	0	0	1,336
花蓮縣	0	32	457	0	389	0	0	0	0	878
臺東縣	0	0	161	106	296	0	0	0	0	563
澎湖縣	292	639	46	0	10	0	0	0	0	987
總計	38,798	14,010	27,270	8,526	4,541	1,507	4,562	1,125	620	100,959

說明：計數依據郭冠麟所列「國軍列管眷村一覽表」中的戶數欄為主，戶數欄空缺時以興建戶數代之，戶數欄與興建戶數欄皆空缺時以零計。

由表 1-3 可知，全臺眷村戶數共有 100,959 戶，其中眷村戶數最多的行政區是高雄市，有 21,211 戶，其次為臺北市 15,302 戶、桃園市 12,970 戶、臺中市 12,169 戶與臺南市 10,365 戶。假設每戶以 5 口計，則國防部列管的 886 座眷村中，共有 100,959 戶，約 50 萬人口，且這尚未包含國防部未列管之眷村，意即未列管之眷村以及散戶，與在統計前就已搬離眷村的人口數量亦不可小覷。

1.4　眷村的興建與發展

1945 年二次大戰結束，日本戰敗後，臺灣政權移交給國民政府；1949 年前後，大量的軍民隨著國民政府遷臺，此舉對臺灣的經濟、社會都帶來莫大的影響，其中隨著軍隊遷至臺灣的軍眷們，一踏上臺灣這塊土地，最先面對的便是「住」的問題。

公有眷舍

當時為了容納眾多的軍眷，為數不少的日本時期官舍或營舍首先成為分配給軍眷居住的處所，其中大多配給空軍與海軍眷屬，但是突如其來的龐大

人口，日本房舍僅能解決少部分人口居住問題，仍有絕大多數的軍眷為尋求居住的容身之處，而暫居學校、寺廟、庫房或搭建臨時帳舍。

國民政府深知必須先處理軍眷們的基本生活問題，前線的官兵才能安心，因而陸續有兵工自建的房舍、眷屬們自己興建的房舍，更有許多眷屬因遲遲等不到房舍的配給，而在眷村旁找一塊小小的土地，自己興建房舍。由於當時有很深的「反攻大陸」思想，多數人都認為自己不會在臺久居，造成兵工興建的眷村多半具有臨時性、克難性的特質，使用的建築材料也都相當簡陋；而眷村居民自建的房舍形式則較為混亂，沒有一定的標準樣式，用地的取得也未必經過合法的程序，建材也多為就地取材，或部隊的廢棄器材，房舍都以臨時住宅的方式興建。在公有眷舍中，除了日本營舍的使用外，兵工興建與居民自建等方式都是屬於自行興建，費用多半是國家經費。

1956 年，蔣宋美齡女士提出「為軍眷籌建住宅」的構想，並發起「軍眷住宅籌建運動」、「民間捐助」的活動，邀請國防部組成「軍眷住宅籌建委員會」，主持「籌建委員會議」，直接推動國防部軍事工程局招商承建。

當時蔣宋美齡以婦聯會[8]的名義為軍眷住宅進行募款，募款來源包含工商界捐款、外賓捐款、工業外匯附勸捐款、影劇票附勸捐款、省市進出口公會附勸捐款，同時政府亦編列年度預算，將一定比例的稅收以慈善捐款模式集中到婦聯會。

婦聯會的募款活動至 1968 年止，共辦理 10 期，建造 38,120 戶眷舍，皆為木造房子，由婦聯會網站的資料上可得知從 1956 年至 1967 年在全臺各地共興建 141 個眷村（不包含 100 戶以下的未命名眷村），38,120 戶的軍眷住宅，[9] 這些軍眷住宅為當時許多沒有良好遮風避雨住所的軍眷們提供一個安穩的居住環境。

---

[8]　1950 年 4 月 17 日時由蔣宋美齡成立，當時名為「中華婦女反共抗俄聯合會」，1996 年時改為「中華民國婦女聯合會」，簡稱「婦聯會」，成立的目的主要為當時國家處境艱難，呼籲全國婦女團結一致，作為國家的後盾。婦聯會的主要幹部多為三軍將領的夫人，並曾完成許多具體任務，包含開設成衣工廠、護訓班、母職講習班，以及勞軍、慰問傷患官兵、照顧遺眷遺屬、賑災濟貧，與捐建軍眷住宅及職務官舍。

[9]　中華民國婦女聯合會，〈婦聯會捐建軍眷住宅 / 職務館舍基本資料〉，來源：http://www.nwl.org.tw/his5_1.htm。（擷取時間 2014 年 1 月 24 日）

　　1975 年，婦聯會捐建的第 11 期也是第一批的職務官舍[10] 興建完成，職

務官舍興建自 1975 年至 1995 年，共興建 8 期鋼筋水泥結構的四或五層樓

公寓，外牆漆有紅漆，是職務官舍的標誌，且居住空間較大，共 13,718 戶。

圖 1.3　日治時期興建的日本房舍，是居住及使用空間最大的眷村型態，大多住家前都有庭
　　　　院，拍攝地點為屏東市崇仁新村。（作者提供）

---

[10]　職務官舍提供現役軍人因職務關係申請配舍，除調動至離島外，職務只要調動
　　　至其他地區則官舍將收回，需再另行申請，與一般的眷村性質不同。

圖 1.4　小巷小弄是一般人對眷村的印象之一，許多眷村的小巷弄非常狹窄，汽車根本無法
　　　　通行。（作者提供）

私有化眷舍

1966 年以前的眷舍都是公有眷舍，也就是眷村居民僅擁有所居住眷村的地上物使用權，而沒有土地產權；直到 1967 年以後，才透過華夏集建、與地方政府合建國民住宅、或是軍眷合作社自建住宅等方式擁有土地產權，也就是私有化。

國防部在 1970 至 1978 年推動華夏集建，是以華夏貸款的方式興建私有住宅社區；國防部代軍眷向金融機構辦理低利貸款，補貼軍眷自行購地興建住宅，因申辦條件嚴謹而數量少，僅 2,199 戶。

後來，國防部擬定「提供國軍眷村土地興建國宅方案」，並選擇土地價值較高的一、二處眷村與省市政府個案協調先行試辦，亦訂定「國軍老舊眷村重建試辦期間作業要點」，其中土地取得為將國有土地變更為非公用財產，讓售予省市政府，地價按出售當期公告現值計價，而地方政府所有之土地，則協調省市政府比照辦理，私有土地以專案協議購買。改建後的房舍由國防部取得樓地板面積 1/2 之戶數予以分配原住戶，餘屋配售給有眷無舍官兵，並提供國民貸款。

「國軍老舊眷村重建試辦期間作業要點」[11] 於 1980 年正式核定，從此眷村開始走向私有化。此後的改建方式包含與省市政府合作改建國宅、委由「軍眷住宅合作社」辦理重建、婦聯會改建職務官舍、辦理遷村、就地整建。

眷村改建過程所依循之法令規定可簡單區分為兩大類，即民國 69 年 5 月 30 日訂頒「國軍老舊眷村重建試辦期間作業要點」（簡稱舊制）及民國 85 年 2 月 5 日經立法院三讀通過後由總統公布「國軍老舊眷村改建條例」（簡稱新制）。為了提高眷村改建的法律層次且達到全面性的眷改，「國軍老舊眷村改建條例」以「不建餘屋、建大村遷小村、先建後拆、全面改建」為原則，改建財源由國軍老舊眷村改建基金支應；重建後之住宅，優先安置原眷戶，及遷建地區周邊之其他眷村之眷戶，改建後的住宅成屋可配售給眷村內違占建戶，部分可提供中低收入戶承購，如有零星餘宅則由主管機關請國家財產局專案評估後以抽籤方式價售有眷無舍之官士兵或標售予一般民眾。

---

[11] 「國軍老舊眷村重建試辦期間作業要點」民國 69 年 5 月 30 日國防部（69）正歸字第 7499 號令頒布。

目前各地的眷村改建仍在持續進行中，總政治作戰局軍眷服務處自民國

85 年起，依行政院指導及核定之「國軍老舊眷村改建工作執行計畫」執行

眷改工作，總計興建、遷購基地共 87 處 [12]，根據國防部指出，截至 2008 年

7 月 30 日，國軍列管眷村「自治會」僅剩 148 村，大多數傳統式眷村已消

失或被改建。[13] 眷改完成後，早年的傳統眷村影像將不復存在。

1.5　眷村的生活

眷村因當時生活地點的差異、軍種的差別、軍階的高低、眷村媽媽的出

身背景等，使得眷村居民生活情形或多或少有些許不同，但普遍而言，大多

生活不甚富裕，尤其眷村家庭普遍仰賴父親在軍中的薪餉，以下分別以衣、

住、行、育、樂與眷村居民的情誼等，整理出眷村的生活；而「食」的部分，

因與眷村菜有直接的影響且關係最深，將在下一個單元介紹。

---

[12] 張傑，〈落實關懷軍眷照顧維繫部隊戰力〉。青年日報（2012 年 10 月 26 日），
軍事。

[13] 鄭惠鴻，〈國防部全力執行眷改工程成效斐然〉。青年日報（2008 年 10 月 6 日），
頭版要聞。

眷村的「衣」

　　眷村的許多媽媽們都有一雙巧手，孩子的衣服、鞋子等，很多都是由眷村媽媽們手工縫製，且常以便宜的布做衣服，或是由舊軍服、舊衣服、麵粉袋等改成；通常孩子都只有一、兩套衣服，最常見的是學校制服，洗完晒乾隔天再穿，衣服破了補丁再穿也是常有的事；父親或兄長如果在軍中服役，穿的也多是軍中發的衣服，許多長輩都表示他們在結婚時穿的禮服就是軍中的軍常服。在美援時期 [14]，有些眷村居民還可以領到美軍眷屬捐出的舊衣。[15]（圖 1.6）

圖 1.6　美援在臺灣的通用標誌。（維基百科）當時有很多美援的物質，比如麵粉，麵粉袋上皆會印有這樣的標誌。

---

[14] 美援時期是指 1950 年韓戰爆發後至 1965 年 6 月止，美國對我國所提供的軍事與經濟援助計劃。

[15] 岡山空軍子弟小學即以抽籤方式領取抽到的美援衣物。楊雙福、蘇坤輝著，岡山鎮軍眷村老照片專輯（高雄：高雄縣政府，2004 年），55 頁。

除了做衣服，有些眷村媽媽也會自己納鞋子，以舊布塗上一層糨糊，再蓋上一塊舊布，再塗上一層糨糊，就這樣層層疊疊了數層後，將疊起來的布壓緊、晒乾，在布上畫上腳掌大小加以縫製，相當費工。

眷村的「住」

在前一小節已經先提到，民國 38 年國民政府遷臺，使得當時臺灣人口數急遽增加，為了安置有眷無舍的官兵，沿用日本時期遺留的宿舍或於營區附近的空地上，由軍方兵工自建「克難屋」居住；而大規模的興建眷舍，則是自民國 45 年以後，婦聯會向民間機關團體募款籌建的眷村；民國 60 年代末期，政府開始推行眷舍私有化；民國 85 年，「國防部老舊眷村改建條例」三讀通過，此後，全臺各地的國軍老舊眷村、列管散戶、一般職務官舍、整村整建的眷村開始進行全面而有計劃的改建。[16]

換句話說，眷村的房子除了大多是公家配給外，也有些是公地自建或頂了別人的房子後再搬進來居住的，但不論是以何種方式住進眷村，除非是日

16 彭大年主編，眷戀—陸軍眷村（臺北市：國防部部長辦公室，2007），11-13 頁。

本宿舍[17]，否則通常都有一個相同的特色，就是房子坪數小，但家中人口又多，因此，幾乎每一家都加蓋，有的不僅前院、後院加蓋，有些還蓋了夾

圖 1.7　許多眷村的牆面都是編竹夾泥牆，即是以竹子竹片交叉做結構，塗上黏土、石灰、糯米、稻草或稻穀等，是早期常見的建築工法。（作者提供）

層，或家中經濟允許的，則再加蓋成樓房。早期眷舍另一個常見的現象就是最怕颱風把屋頂的瓦片吹走；雨天時，屋外屋內都下雨也是村子裡常見的情形，因為眷村的建築多半只是為了暫時的居住，建築工法簡陋，許多建築都使用編竹夾泥牆結構，直到民國 60 年代後，國軍才陸陸續續派人修繕房子，把竹片編成的牆改為磚牆。

---

[17] 日本眷舍的房子多半較大，趙寧就曾提及他家的院子很大，約有二百多坪，種了鳳凰木和許多果樹。趙寧口述，楊放整理採訪，落地生根：眷村人物與經驗（臺北市：允晨文化，1996），71 頁。

圖 1.8　這是日治時期就已興建的防空洞，防空洞內至少可容納 30 人，且就設在宿舍建築旁邊，住家的庭院裡面。拍攝地點位於高雄市左營區明德新村。（作者提供）

圖 1.9　為因應作戰需求，許多眷村內多設有防空洞，這是較少見的龜型防空洞。拍攝地點
　　　位於屏東縣東港鎮共和新村。（作者提供）

　　早期眷村幾乎沒有連接到家中的自來水管線，必須到公用水龍頭接水或

用幫浦打水使用，一般士官兵的眷村家庭很少有衛浴設備，當時上洗手間必

需到公廁，洗澡就到廚房用大臉盆接水洗澡。

眷村的「行」

在汽、機車尚未普及的年代，眷村居民除了步行之外，主要以搭乘公車為主要運輸工具，特別的是部分大型的眷村，軍區會派軍用車提供居民上班或上學使用，許多年長一點的眷村居民都有搭乘軍用交通車的回憶。[18]

除了交通車，家中經濟稍好的會存錢買腳踏車代步，[19] 也有以腳踏車作為謀生工具，在腳踏車後座放置箱子，裡面裝滿包子、饅頭等，沿街叫賣，貼補家用。[20]

眷村的「育」

某些軍種的眷村主要集中地會特別成立子弟小學，如空軍子弟小學、海軍子弟小學，許多大型或人口聚集的眷村，該村的自治會會協調軍區派車

---

[18] 許多眷村居民在口數眷村生活回憶都曾提及「交通車」。如，王獨鶴口述，林海清主編，眷戀—海軍眷村（臺北市：國防部部長辦公室，2007），61-62頁。唐志遠口述，孫建中主編，眷戀—憲兵與軍情局眷村（臺北市：國防部部長辦公室，2007），107頁。

[19] 同註16，101頁。

[20] 張水清口述，劉鳳祥主編，眷戀—聯勤眷村（臺北市：國防部史政編譯室，2008），227頁。

載送孩子到學校上學，各子弟小學來臺時的草創時期都相當艱辛，如岡山的「空軍總司令部附設岡山小學」（今高雄市兆湘國民小學）最初時期還有在南京時使用的課桌椅，不足的再請官兵製作。[21] 許多左營眷村的孩子都有坐軍車到海軍子弟小學上學的回憶，而且當時會在車上唱軍歌、流行歌或是學校教的歌，唱到下車。[22]

一般眷村家庭的內部空間不大，不會特別為孩子準備書桌，通常飯桌即是書桌，也有些只搬了把小板凳拿了個硬木板墊著墊板當書桌在院子寫功課的。當時同眷村的小孩通常都一塊上學，[23] 送便當也是如此，許多眷村媽媽一送就是好幾戶的便當。

而眷村子弟從軍者多，主要因為家庭收入少，許多子女為了減輕家庭的經濟負擔而選擇念軍校，也有承襲父執輩的志願而自願從軍，有些家長則

---

[21] 同註 15，48 頁。

[22] 同註 17，71 頁。

[23] 郭岱君曾表示：「早上要上學了，哪個孩子在家門口一喊，左鄰右舍的孩子聽到就出去了。就這樣吆喝的五、六個孩子，大家手牽手上學去。」郭岱君口述，楊放整理採訪，同註 17。

認為讓孩子進軍校不會變壞,其中也有些課業成績不夠優越,而選擇就讀軍校。其中有初中畢業進入幼校,也有高中畢業進入官校的;就讀軍校不需要付學費,且每月還有薪水可領,對當時的眷村小孩來說是一項不錯的選擇。

眷村的「樂」

如果居住的眷村位於比較郊區的地方,眷村孩子可以玩的內容相當豐富,玩泥巴、釣青蛙、釣魚、抓泥鰍,焢土窯、烤番薯等,是許多眷村小孩童年的記憶。

眷村家庭的父親都是軍人,大多數時間都不在家,因而,眷村媽媽到左右鄰居家串門子是種常態;此外,下棋、打麻將、打開收音機聽平劇等,都是眷村常見的日常娛樂。

在假日時,許多大型眷村或人口密集的眷區都有軍區或婦聯會在假日時安排娛樂演出,包含康樂隊、藝工隊,也有藝人到眷村表演,最常見的是部隊會安排專人播放電影,雖然是舊片,但全村的大人小孩都對放電影這件事充滿期待,七點才放映的電影,常常五、六點不到,廣場就被大家的小板凳

擠得滿滿；很多眷村居民都對假日晚上軍區所安排的娛樂節目印象深刻。[24]

除了娛樂，「安樂」在眷村亦不可少，早期家家戶戶都有醫藥袋，[25] 有些眷村設有軍眷診療所，方便居民小病時可直接到診療所就診，也有些眷村是安排醫療隊到村子裡替居民做檢查，[26] 而嚴重的病情則到軍醫院就醫，軍眷就醫時如能出示眷補證可免付醫療費用，有些眷村也會安排交通車帶居民到軍醫院就診，十分方便。

眷村居民的特殊情誼

眷村的居民組成雖然來自大江南北，但多半以軍種的種類來分配眷舍，且有部分眷村居民會有來自同一省份或附近省份之情形，這是由於部隊在缺兵時，以部隊當時所在地的附近居民優先招募，或是兵種與特定區域的地理位置有關，如海軍部隊普遍均靠海，海軍眷村的居民中，有多數來自沿海省

---

[24] 軍區或婦聯會安排在眷村的活動是許多居民口述眷村生活時一定會提及的一段，可見在缺乏娛樂節目的年代，居民們對軍區娛樂節目的期待。如，許清珠口述，劉鳳祥主編，眷戀─聯勤眷村，同註 20，284 頁。童長春口述，陳溪松主編，眷戀─空軍眷村（臺北市：國防部部長辦公室，2007），133 頁。

[25] 馬小梅口述，彭大年主編，眷戀─陸軍眷村，同註 16，62 頁。

[26] 唐雄口述，孫建中主編，眷戀─憲兵與軍情局眷村，同註 18，33 頁。

份，所以眷村居民的組成中，偶而會有同一眷村裡的人都來自相同地區或附近地區的情形。

眷村的居民還有一點相當特殊，就是他們在臺灣通常沒有宗親、沒有家族；這是因為第一代的眷村居民因戰亂而慌忙來到臺灣，多半是隻身或是只有幾個家人一同來臺，也因此眷村有種特殊的情感，那就是與鄰居之間互助合作、同袍情深。許多以眷村為背景的電影或電視劇[27]都會把這種沒有宗親、無法祭祖，以及鄰居之間的緊密相助情感，刻劃的特別深刻，很多由眷村居民口述的書籍也都有相關紀錄[28]。

---

[27] 如公視電視劇《再見，忠貞二村》、連續劇《光陰的故事》、電影《搭錯車》、《逗陣ㄟ》等，都是藉由眷村居民之間深刻且互助的情誼來連結與延伸劇情。

[28] 如劉麗華口述，侯淑姿主編，高雄市眷村女性生命史紀錄報告書（高雄市：高雄市政府文化局，2010），105 頁；以及梁康民口述，彭大年主編，眷戀—陸軍眷村，同註 16，56-57 頁，都提及眷村居民彼此關懷的情誼與來往的關係密切。

眷村的飲食生活

CHAPTER 2

在第一單元一開始我們就提到，本書是以「眷村菜」為主要內容，但眷村菜是什麼？有什麼樣貌？在過去，幾乎從末有人針對「眷村菜」作討論與整理；因此，單元二和單元三，除了搜集過去的相關文獻之外，主要是引用許多受訪者的訪談內容所作的整理，受訪的對象整理成表 2-1，運用的訪談方式有焦點團體訪談與深度訪談，焦點團體訪談對象（A1-A12）[1] 包含美食家、飲食文化專家學者、眷村菜餐廳業者，深度訪談對象則包含眷村菜餐廳業者（B1-B5）[2]，眷村相關的社團幹部、志工與村、里長（C1-C13）[3]，以

[1] 本書中焦點團體邀請的參與對象主要分為三大群體，包含眷村研究專家學者、飲食文化專家學者（含美食家）、眷村菜餐廳業者，抽樣方式採目標取樣。焦點團體訪談以論壇方式進行，論壇於民國 102 年 10 月 30 日在高雄餐旅大學行政大樓六樓圓桌會議室舉行；論壇活動除邀請的參與者外，未對外開放非焦點團體參與者以外之人進行討論；與會的 11 位參與者經由論壇主持人掌慶琳教授的從旁協助或鼓勵，各領域的專家都盡可能的對「眷村菜」發表自己的經驗、想法或意見，並針對討論題綱進行討論，提出建議。

[2] 受訪的眷村菜餐廳業者的判斷為：經營者須認定其所經營的餐廳主要菜色內容或行銷主軸明顯為「眷村菜」，而非一般中餐廳、外省餐館、麵館；本書中所深度訪談的五位眷村菜餐廳業者，分別分布於北、中、南三區，皆為立意取樣的抽樣方式，受訪的餐廳業者須明確表達自己經營的是「眷村菜」餐廳，且經營者本身曾經居住過眷村，或有眷村相關經驗，如至少父親或母親其中一方在眷村生活十年以上，或有豐富的眷村朋友、人脈等。受訪的眷村菜餐廳業者中，僅 B4 沒有居住眷村的生活經驗，但其母親自小在眷村長大，且其生活環境在左營與岡山眷村周邊，眷村交友圈廣泛。

[3] 受訪的眷村居民抽樣方式為立意與滾雪球取樣，並符合以下要件：為居住在眷

及媒體記者（D1-D3）[4]。研究訪談期間為民國 102 年 10 月 30 日至 103 年 10 月 16 日。

以下內容會摘錄部分訪談資料，並於摘錄的內文最後以（　　）說明是節錄自何者的訪談內容。

表 2-1　訪談對象一覽表

代碼	職稱	代碼	職稱
A1	美食家	C1	高雄市○○協會總幹事
A2	○○網路眷村菜宅配負責人	C2	高雄市岡山區○○里里長
A3	高雄餐旅大學○○所副教授	C3	高雄市岡山區○○里里長
A4	美食家	C4	桃園市大溪區○○里里長
A5	○○基金會專員	C5	桃園市大溪區○○里里長
A6	高雄餐旅大學○○所教授	C6	桃園市龜山區○○里里長
A7	○○協會前執行長	C7	桃園市龜山區○○里里長
A8	○○餐廳店長	C8	桃園市中壢區○○里里長

（續接下表）

村或眷村周邊地區十年以上之居民，且須為當地里長、眷村自治會會長、社區發展協會幹部，或者實際服務該地區之志工，以其對眷村生活有豐富經驗並且熱心眷村事務為前提做為訪談對象。

[4] 受訪的媒體記者為須有實地新聞採訪經驗，且從事新聞媒體訪談工作十年以上，並曾居住過眷村者；受訪的媒體記者的抽樣方式皆為立意取樣。

代碼	職稱	代碼	職稱
A9	高雄餐旅大學○○所副教授	C9	屏東市○○新村自治會會長
A10	○○餐廳負責人	C10	屏東縣屏東市○○里里長
A11	○○餐廳代表	C11	新北市○○協會理事
A12	高雄餐旅大學○○所副教授	C12	新北市○○協會志工
B1	臺北市○○餐廳負責人	C13	臺北市○○新村自治會會長
B2	臺中市○○餐廳負責人	D1	○○廣播公司記者
B3	嘉義市○○餐廳負責人	D2	○○有線電視新聞部組長
B4	高雄市○○餐廳店長	D3	○○報社記者
B5	臺北市○○餐廳老闆		

2.1　眷村居民的食材來源

眷補配給

　　一般而言，眷村居民的主食來源主要來自於「眷補」，眷村的居民都有

「眷屬補給證」，簡稱「眷補證」，居民們可以憑眷補證領取米、油、鹽、

麵粉、煤等，對當時的生活來說是非常重要生活補給。

　　「發配給的人也知道我們的困苦，眷補證配給米一小包、麵一大包，米

他可能沒辦法多給你，麵有美援，沒多少錢，就多給你麵粉，我們有什麼就

吃什麼啊，所以，那幾年麵類就吃比較多，……軍糧是開大卡車送來的。」

（C3）

「那時候是三年準備，五年反攻，所以幾乎都不准你結婚，包括我那時候在部隊也一樣；我跟我太太要結婚，要先寫申請報告，就是必須要經過這個手續，你才能辦理結婚，有這個核准才能辦理結婚登記，才有眷糧。每一個月軍方都會派人到自治會的辦公室，他會廣播，拿眷補證去領就可以了。眷補證都一格一格的，每一個月就撕掉一格。其實眷糧就是米、麵粉、鹽巴、沙拉油這四樣，還有一個燃煤，後來改用代金。」（C2）

「因為我們那時候有糧票，配你大口、中口、小口，每家都有米、麵、油、煤、鹽巴，領米有一個特色，米有在來米與蓬萊米兩種，軍方配的是90米，較粗不好吃；你就拿著票去，如果你要85米，本來是十公斤的米，他就給你八點五公斤，就是再加工把糠的殼丟掉，所以我們那時候就吃這個米，像我們家吃麵比較多啊，那不要緊，就拿米換麵粉，以折價的方式，

讓你換，有的家裡比較周轉不過來，他就把那個米條賣掉，換錢。」（C9）

　　就如同 C3、C8、C9 所言，軍眷補給的實物補給確實是當時眷村居民很重要的食材來源，主要配給內容包含米、油、鹽、麵粉和煤炭，不燒煤以後，煤炭改以代金取代。其中較特別的是 C2 回憶小時候，因發配給的人了解其家中生活不易，會額外多給麵粉照顧眷屬；而當年的實物補給制度，不僅減輕眷村居民日常購買民生必需品的經濟壓力，當家中生活周轉有問題，如小孩要繳學費等，常見有居民將眷糧賣掉，以提供現金援助生活需求的情形。在過去，軍中服役的軍人，若要結婚成家必須寫申請報告，得經核准才能辦理登記，領取眷糧。當年眷糧會由軍方派遣卡車到各眷村自治會，再由自治會廣播請居民帶著糧票領取眷糧。

〈延伸閱讀〉

什麼是眷補？

　　早期臺灣生活困頓，軍人薪餉微薄，在當時的時空環境，政府為了穩定軍心，安定國軍在臺眷屬生活，使官兵無後顧之憂，以振奮士氣，提高戰力，因此配給軍眷軍糧，並有教育補助、醫療補助、水電費優待等，這些都是需要眷補證才能申請，可見眷補證的重要性不言可喻，尤其眷補證的實物補給是眷村各戶家中最固定且最基本的食材來源，軍糧的配給對於當時軍人家庭的經濟更可說是具有非比尋常的重要性，「眷補」可說是眷村家中重要的經濟補助。

軍眷補給的種類與實物補給內容

　　軍眷補給的種類主要分為軍眷生活、燃料補助費及軍眷實物（代金）補給二種，其中軍眷生活、燃料補助費每人每月按規定給與，且隨著當事人薪餉發給；軍眷實物補給則按眷屬年齡分為小口、中口、大口三級：小口為一至五歲；中口六至十歲；十一歲以上為大口，其中當事人之父母可申報眷補二口，配偶可申報一口、子女二口。軍眷實物補給，除馬祖、東引、烏坵地區部隊之官、士、兵眷屬委託當地最高軍事指揮機關代辦外，臺澎、金門地區，均由留守署委託各地農會合作社提前一個月代為送補到家或指定地點。

　　眷補的主要實物補給內容包含米、煤、油、鹽等。民國 49 年，米按 90

白米 [5] 實發大口 13 公斤，中口 9 公斤，小口 4 公斤；民國 52 年，眷米奉令搭發 20% 麵粉，因此，大口可領 2.947 公斤麵粉、90 白米可領 10.847 公斤，中口可領 2.105 公斤麵粉與 7.747 公斤 90 白米，小口可領 1.053 公斤麵粉及 3.873 公斤 90 白米，眷煤則折發代金，計大口 16 元，中、小口各 8 元；民國 53 年，麵粉與眷米大口各發 3 公斤與 10.798 公斤，中口 2 公斤與 7.844 公斤，小口 1 公斤與 3.922 公斤；民國 57 年，副食煤、油、鹽三項可依軍眷志願申請改領代金，分別為大口煤 20 元、油 13.6 元、鹽 1.2 元，中口煤 10 元、油 6.8 元、鹽 0.6 元，小口煤 10 元、油 6.8 元、鹽 0.6 元。

民國 59 年的軍眷業務簡要說明中規定，軍眷實物副食物（煤、油、鹽），除眷煤一項奉令一律改發代金外，油鹽兩項為便利軍眷選擇，可以其志願領取實物或代金，每年分別辦理調查登記四次；在數量上，如大口可領 90 白米 10.798 公斤、麵粉 3.6 公斤、煤 25 公斤、油 0.8 公斤、鹽 0.5 公斤，若將副食物換算為代金，則大口煤為 23 元、油 13.6 元、鹽 1.8 元，合計 38.4 元。民國 70 年起，眷米可折發代金，大口 60 元由糙米 3 公斤折發代金，每公斤 20 元；民國 71 年，眷米折發代金，大口 75 元由糙米 3 公斤折發代金，每公斤 25 元。[6]

---

5 90 白米是指 100 公斤的糙米，經過碾米後，碾成 90 公斤的白米與 10 公斤的米糠，85 白米則是將 100 公斤糙米碾成 85 公斤的白米與 15 公斤的米糠，米糠通常會捨棄不用。

6 眷糧的配給內容與數量整理自民國 40-80 年的軍人眷屬補給證。

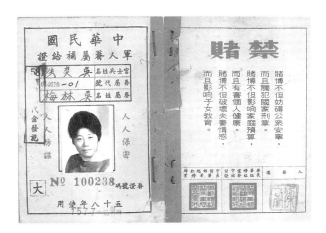

圖 2.1　民國 58 年的大口眷補證，正面有「人人保密人人防諜」標語，背面則印有「禁賭」
　　　　宣導，推測當時社會賭博風氣盛行。（圖片拍攝自高雄市歷史博物館—高雄市眷村
　　　　文化館館藏）

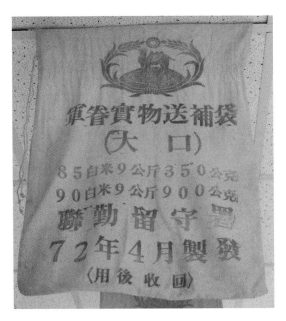

圖 2.2　用來裝運眷補白米的棉布袋。（圖片拍攝自高雄市歷史博物館—高雄市眷村文化館
　　　　館藏）

圖 2.3 眷補證與眷糧糧票：民國 79 年，軍人眷屬仍可憑糧票領取米、油、鹽。（圖片拍攝自高雄市歷史博物館─高雄市眷村文化館館藏）

實物補給對眷村居民生活的重要性

過去的眷村生活，倘若只單靠家中父親的軍職薪資的確非常微薄，而眷補實物或多或少可補充生活所需，在美援時期除了實物補給常見

的米、煤、油、鹽外，也曾經配給過麵粉，尤其麵粉的多變化性，造就眷

村媽媽在製作料理時的多方創意與豐富性，這些配給食材更成了眷村居民餐桌上的佳餚，深深影響眷村居民的飲食生活。

• 減輕日常的經濟壓力

除了配給的實物內容影響居民日常飲食外，實物配給對居民最直接的貢獻莫過於減輕生活上日常採買的經濟壓力。

「老媽很不願意去回憶她童年及少女時期，在那戰亂的時代，多數人生活困苦，三餐不繼，……老爸說，老媽是最幸運的人了，當年結婚後，立即辦了眷屬補給證，有米有鹽，還可申請眷舍。」[7]

由上段節錄的文章很明顯地表達軍中所配給的米、油、鹽，可讓當時的眷村居民即使身處貧乏且動盪的年代卻不需再為家中基本的日常三餐煩惱；換言之，眷村家庭都有眷補的情形下，只要按月領取軍中配糧，仍可勉勉強強過日子，眷補的實物配給可說是直接減輕家中經濟負擔。

---

[7] 節錄自 General，〈老媽的眷村恩怨情仇〉，收錄於楊長鎮、莊豐家主編，認識臺灣眷村，202-203 頁。

• 麵粉的使用家常化

「每個月，一輛載著白米、麵粉、油、鹽、糖等的三輪板車會固定騎到巷子口，我們從家中拿來裝米裝油的鍋子瓶子，按照每戶能領的口糧數量領配給。……我們家總是喜歡拿白米的配額多換點麵粉，因為麵粉作主食點心的變化多，小孩子比較喜歡。……再講究一點，就是拿麵粉攤蛋餅，弟弟小學一年級就邀同學到家裡吃他攤的蛋餅，可見這手藝我們這些小蘿蔔頭有多熟了。」[8]

「那時眷屬除了配給米之外也搭配麵粉。大劉太太每個禮拜會做一次包子。她總是把麵發得軟硬適中，餡剁得細、味道好、火候也蒸得恰到好處，比外面賣的還好吃。她都會很慷慨地分給左鄰右舍的孩子們吃。有吃過她包子的小孩，到現在還常懷念著。」[9]

---

[8] 節錄自曾慧榕，〈房子老了，人也散了〉，收錄於外省臺灣人協會策劃，廖雲章主編，人生，從那岸到這岸外省媽媽書寫誌（新北市：INK 印刻，2006），19-20 頁。

[9] 節錄自陳明月，〈憶硬漢新村的太太們〉，66 頁。

　　「身爲長女的我，爲了替母親分擔家務，國中時期就練就了製作麵食的好手藝，假日時準備一些材料，利用配給的麵粉，變換著製作各種麵點，舉凡餡餅、包子、水餃、蛋糕、小甜點，甚至麵粉茶，一出爐就被秋風掃落葉似的，掃進了一間間飢腸轆轆的五臟廟。」[10]

　　由上述摘錄的這幾段文字即可看出，除了米、油、鹽等日常所需外，「麵粉」這項配給的實物影響眷村居民的生活最深，在當時深受許多眷村家庭喜愛；麵粉可製作一系列麵點，不僅可用來作主食，也能拿來作點心，亦可作成宴請朋友的佳餚，使得許多眷村居民不論大人、小孩對於麵粉的運用與拿捏一點也不陌生，這連帶影響麵粉在眷村使用的普及率高，且大幅提高眷村家庭對於麵食的接受度。

　　更由於麵粉配給的原因，致眷村餐桌上常有以麵粉製作的各式料理，

----

[10] 節錄自王秀庸，〈路〉，159 頁。

這樣的現象也間接造成日後蔥油餅、餡餅、捲餅、韭菜盒等，各類麵食、麵點頻繁地出現在臺灣的大街小巷，甚至影響臺灣其他族群對麵食的接受度，原本習於以米食作為主餐的閩、客住民，也逐漸融入麵食，這樣的現象改變不得不提及是因為眷村麵食的普遍與家常，也造成對整個臺灣飲食文化的影響。

菜市場購買或其他方式

除了眷糧配給外，飲食中常見的奶、蛋、魚、肉、豆類及蔬菜、水果等，又從何而來呢？

「我們都是去菜市場買。……那時候住當頭（邊間），所以我們有一個小庭院，就種一些菜啊，雞、鴨、鵝都養過。」（C2）

「食材就是靠領的薪水去買，像蔬菜、肉類、魚類，都是靠薪水去買的。……機場旁的二高村，幅員空地

較大，住戶就有自己種菜自己吃，有多的也會送給鄰居分享。……我們家裡就後院養雞，前院養鴨，還有人養在家裡的床底下，早期我們還養過火雞、養過鵝，從小雞養到差不多大的時候就拿出去賣，為了生計貼補家用，真的自己吃的比較有限，會捨不得，一顆蛋賣出去，你就可以買肉了，你就這樣想嘛！」（C3）

「你到教會作禮拜就拿一小袋麵粉，……像我們小孩子是去要糖果。……在菜市場買，沒有自己種，因為我們眷村沒有空地，我們每一家其實都有個院子，那家裡最多養個兩、三隻雞。」（C4）

「我們那時候在部隊裡面，每個月會配發戰備伙食，累積到一定量時，就一個人發兩罐、發五罐帶回家，所以是直接發給軍中的弟兄，比如說牛肉罐頭、口糧、營養餅乾、牛肉乾。」（C8）

「我們院子比較大，種菜、養雞、吃自己家的菜，然後雞、鴨、鵝都有弄過，幾乎很少買外面的東西，要買的

話，就拿菜去跟人家換，拿雞蛋去換，這是我們家那個時候的特色。」（C9）

「美援的時候，我們就拿個菜籃子去領牛奶、饅頭回來吃，它有一個類似供銷的美軍福利站提供，就等於是美援的時代他們提供的東西，小時候最少也領過五、六年吧！……有養雞、養鴨、養鵝，我小時候住在機場裡面的眷村，空地很大，有人有種菜，住到外面眷村後就沒有了，雞還會有，就養在院子裡面或雞籠裡面，其他的食材大部分就都是買的。」（C10）

「有些是自己種的，我媽媽在我很小的時候有養雞，雞就在我凳子下面吃麵，吃我剩下來、掉下去的。」（C11）

「我們大部分都自給自足，因為我們家以前就有很大的院子種菜、養雞、養兔子，一開始好玩，玩一玩就可以宰來吃，不夠的就買！……以前家裡面會種一些楊桃，種一些葡萄，那個葡萄蟲這麼大一隻，看起來怪恐怖的。」（C13）

由訪談的資料可以歸納出眷村居民日常飲食食材的來源，除了眷補配給外，最大多數的食材來源是到菜市場購買；如果家中有空地的，會自行栽種

蔬果；有院子或屋中還有空間的，會養雞、鴨、

鵝等家禽；也有居民選擇用以物易物的方式交換

所需食材。除此之外，有些眷村媽媽們也

常注意天主教或基督教堂的物資發放，

且會在物資發放時互相通知鄰居去排隊領取

物資，領取的物資包含麵粉、牛奶或奶粉、植物油等，小孩，如 C4 則是去

教堂領糖果；[11] 而軍中發放的戰備糧食，為當時單調的飲食生活增添許多驚

喜。

---

[11] 許多眷村居民都曾在回憶的文章中提及家中接受當時天主堂或基督教堂的物資
幫助，內容包含麵粉、奶粉、鉛筆、衣服等，教會發放物資的主因是藉著物資
的發放做橋樑與眷村居民親近，許多居民也因此信奉天主教或基督教。如：賴
臺生，〈信上帝得衣服—相約到教堂〉，從地圖消失—社團新村的故事（嘉義：
維屏出版社，2011），146-148 頁。

2.2　眷村的廚房與眷村菜市場

　　初乍臺灣，許多眷戶尚未分配到眷舍，更遑論要有廚房；很多眷戶都是撿柴火在路邊就煮起飯來了，即使後來分配了眷舍，也可能因為房舍坪數小沒有廚房，或兩戶或多戶共用一個廚房而需要輪流煮飯，[12] 也有些家庭的廚房是自己搭建的，沒有流理臺僅留有煮飯的爐。煮飯也不像現在這麼方便，有瓦斯爐、烤箱、微波爐、電鍋等設備，而是以木柴、煤炭，或用煤球爐燒煤球，後來有些眷村家庭會使用電爐，和一般臺灣傳統閩南家庭多用大灶煮飯的方式很不相同。

圖 2.4　煤球與煤球爐：在煤球爐中間黑色像蓮蓬的就是煤球，民國四〇、五〇年代，許多眷村家庭都用煤炭或煤球燒飯，煤球不易點燃，且點燃的黑煙常嗆的讓人很不舒服，可見當時做飯之難。（作者提供）

12　同註 15，58 頁。

圖 2.5　電爐：需要插電才能使用，在早期電力還尚未普遍的年代，許多位於軍營附近的眷村都有供電，用電爐煮飯比起用煤炭、煤球燒飯，實在方便不少。（作者提供）

　　許多眷村密集或戶數多的眷村，因人口密集度高，常有因眷村而形成的菜市場，如鳳山的工協市場、中壢的忠貞市場等，這些市場往往不只有眷村居民前來設攤，攤販之中，也有外地來的或附近的本省居民；這些眷村菜市場不僅攤數多，且販賣的內容豐富、種類多樣。

　　而中大型的眷村裡常見居民開設雜貨店以提供村民購買生活所需，如果同一村內的雜貨店多，為了要網羅客人，雜貨店都會想辦法推出特色商品供村民購買，如枝仔冰。

圖 2.6　桃園龍岡地區的忠貞市場就是一個人聲鼎沸，販賣商品種類繁多，且販賣許多具有當地特色和眷村美食的菜市場。（作者提供）

2.3　什麼是眷村菜？

在了解眷村居民的飲食生活從何而來，吃些什麼之後，緊接著，我們要進入本書最主要的主軸—眷村菜。

先前已先提過，我們主要是以大量的訪談來進行眷村菜的研究，在我們訪談的過程中，幾乎所有受訪者都表示曾經聽過「眷村菜」一詞，但對於什麼是眷村菜，或如何定義眷村菜，則呈現各說各話的情形，縱然受訪者對眷村菜的想法不一，卻仍可從其各別的訪談內容中抽絲剝繭歸納出幾個共通性。

以族群或菜系的角度來看

「眷村它的融合就是大江南北各地,除了臺灣以外的外省人齊聚在那邊,所以我們說眷村菜是不是就代表外省菜?那外省菜你要把他定義什麼是外省菜?你很難去明確定義。我講大江南北,因為眷村裡面就融合了,可是後來眷村裡面很多娶了本省太太啊,娶了客家太太啊,所以什麼是眷村文化,你不能定於一,除了本省之外都是外省,但本省住到眷村裡面經過洗禮也會相互交流,它難道不代表眷村文化的其中一支嗎?所以我覺得外省菜、眷村菜也很難去用一種定義把它說清楚。」(C1)

「你要問我們陸軍,問我們陸光二村,說真的很模糊,都已經混在一起了,也沒有那個特色了,那你要問眷村,眷村就是這種大融合啊!那怎麼區分,我也不知道,很籠統啦,你要問眷村菜,誰能跟你下個註解,跟你下個定義,下個註解下個定義的那個人就更狹隘,他用他自己看到的來講嘛!真的要講眷村,以美食來講的話,它就是麵食,以麵食類去作變化,其餘的真的就是大熔爐了,你真要講有特色,有,很多,包括蒙古的、新疆的、西藏的、雲南的,……我們中壢龍岡那一帶有雲南的傳統美食,不過它也跟臺灣

結合了啦。」（C6）

「其實你去看我們現在湘菜館的菜，眷村菜幾乎它的菜也都有，還有就是客家菜、閩南菜的一個融合而已，那比較特別的，也不是說眷村菜，就是說外省菜吧，眷村美食應該是外省菜與臺菜的結合。」（C8）

「眷村的食材也在演變，不是一成不變，再加上那些眷村原有的特色，由各地來家裡的長工那學了一套，他們來做他們的特色，五花八門，你南方人，你做南方菜，後來就交流；你說我上次到你家去你做的那個菜還不錯，請教請教，之後他就會做了；就是大家互相交流，交流完後，人人都會做各種菜。」（C9）

「我覺得是綜合每一省的菜，最主要是眷村菜裡面強調的真的是酸辣鹹，這個是真的免不了啦！」（C12）

由以上節錄的幾段訪談可察覺出受訪者很難界定眷村菜與省籍菜之間的關係，但都提到眷村菜是融合、結合、綜合各省籍，或集結外省與本省的菜，都說明了眷村菜具有「融合」的特色。

〈延伸閱讀〉

什麼是菜系？

中國大陸地大物博，不同的地理環境、氣候條件造就各地有不同的物產，再加上生活習俗、人文民情的影響，使得不同地區的人民有不同的烹飪方式、不同的口味喜好。晉朝張華《博物誌》有言：「東南之人食水產，西北之人食陸畜」；亦即俗諺「靠山吃山，靠海吃海」的道理；正因為各地的地理條件與物產不同，各地區的口味也有很大的差異，這樣的差異性成為各地料理的特色，並且藉以區別各地的飲食差別，許多研究者將之稱為「菜系」[13]。

然而，中國有多少菜系？各家說法不一，而有四大菜系、八大菜系、十六大菜系等各種不同的說法，其中最普遍也最被公認的是「八大菜系」，即川、粵、蘇、魯、閩、浙、湘、徽等菜系。

圖 2.7　川菜—宮保雞丁

如川菜，其口味以辛、辣、麻、怪、鹹、鮮著稱，麻婆豆腐、回鍋肉、魚香肉絲、宮保雞丁等就是著名的川菜；長久以來，具有中國歷史上通商口岸要

---

[13] 「菜系」是目前飲食文化研究者較普遍的說法，也有某些研究者不認同「菜系」說，如趙榮光，趙提出「飲食文化圈」的概念，他認為飲食文化是受到地域、民族、習俗、信仰等影響，而形成具有獨特風格的飲食文化區；他將中華民族

角的廣東，受到與海外交流的影響，粵菜同時吸收中、西餐的技法，如飲茶點心、鹽焗雞、烤乳豬等，此外，東江菜，即客家菜，也屬粵菜的一環；蘇菜，因地處魚米之鄉，物產富饒，如八寶鴨、陽澄湖大閘蟹、南京板鴨、徐州百頁等；

圖2.8　湘菜－左宗棠雞

而魯菜的九轉大腸、閩菜的佛跳牆，浙菜的東坡肉、湘菜的臘味合蒸等，對臺灣民眾而言都十分耳熟能詳。

以實際做菜時的料理方式或口味來區分

「眷村菜是我們家庭主婦做出來的，那口味又不一樣，比較原味、自然健康，我們吃起來都覺得蠻好吃的，我認為的眷村菜是市面上買不到的，就是我們眷村自己做的。」（C3）

飲食文化圈劃有包含東北地區飲食文化圈、京津地區飲食文化圈等，共區分為12個飲食文化圈。他強調各飲食文化圈是因歷史發展而形成該飲食文化的形態與內涵，而各飲食文化圈有可能有交互重疊的區域，且各飲食文化圈是不受行政區的地理界限限制的。趙榮光，中國飲食文化史（上海：上海人民出版社，2006），33-40頁。

「我個人是覺得我們以前的菜沒有現在的那麼好看，材料各方面也沒有那麼豐富，或許是我們這邊的環境都不好，所以我家做出來的菜都很簡單。譬如說一個白菜炒一炒，那個時候最多就加點蝦米，這樣子就覺得很好了。」（C4）

「我覺得我沒有辦法給它一個定義，我只能說他們可以用比較簡單的方式去做出一道菜，而且還很快，其實調味料感覺上不是來的那麼多，就是利用現有的東西很快地揉製出一道菜。」（C5）

「要講起來是麵食類比較算是眷村菜的一個特色。」（C6）

「其實眷村菜倒不是有特定的模式，這屬於眷村菜，這不屬於眷村菜，它不是這樣子的；他們用很節儉的方式，就像客家小炒的道理，把一些剩菜剩飯加在一起，演變成現在的客家小炒，像我們的眷村菜也沒有說刻意是什麼，就是以麵食為主這樣子。」（C7）

「眷村菜其實很簡單的，或是前一天、前兩天剩下的菜，把它燴一燴就會變成很特殊的菜，所以很多的眷村菜都是臨時有的，單就一些現成的

材料去做處理，不是說很特殊，喔，我這道菜我要去買什麼菜，這道菜我要配什麼，都是將就取材，用現成的材料，不是很刻意去挑選材料出來做某些東西，代表眷村的勤儉、刻苦而演變出來的一些菜色。」（C10）

「我感覺啊，奇怪眷村做的菜怎麼都那麼馬虎，好像很簡單就做好的那種，像做麵食，也是一樣，只要溫飽就好了，和一和，也沒加什麼材料，就這樣吃吃吃。」（C12）

「我們講眷村菜就是用最便宜的食材變化最可口的菜，它是最便宜的。比如我們兩個去吃眷村菜，500 塊以內，OK，眷村菜，如果我們兩個吃一個料理 3000 塊，那就是官府菜，你懂我意思嗎？眷村菜就是常民生活的東西，家庭生活的東西。」（C13）

根據上述，眷村居民的受訪者肯定眷村菜是以便宜、簡單、手邊現有的食材所做出的家常料理，這與以下焦點團體的受訪者認為眷村菜是就地取材、天然調味相呼應。

就地取材的眷村菜

「眷村菜就是很隨興，那個時候生活不好過，有時候媽媽可能在菜市場要收攤時就去撿菜，每天都不知道要吃什麼，拿回來都是那天最便宜的菜。其實你到別人家裡去，要知道他們做什麼菜，你就開他家冰箱，他冰箱有什麼，我想吃這個番茄，想吃這個豇豆，想吃什麼，你用這幾樣為我做個菜，那才符合眷村菜的精神。」（A1）

「其實嚴格來講，眷村菜跟農家菜一樣，它是便宜的東西所做出來的，屬於粗食粗作，它沒有旁邊切個花，擺個柳橙片，就是它沒什麼刀法，沒有裝飾，它必須在一個被限制的資源和有限的食材資源的範圍之內，創作出來一種非常清簡的家常菜。就是你講今天冰箱有什麼，每天麵疙瘩配的菜都不一樣，為什

麼？因爲今天菜販丟出來的便宜菜不一樣，所以我認爲它有一個粗食粗作，一種刻苦的精神，在有限的資源下所創作出來的家常菜氛圍。」（A4）

眷村菜有一個相當關鍵的重點就是食材的取得。眷村居民生活普遍清簡，因此當時能運用的食材相當有限，通常是以垂手可得或是市場買的便宜食材，搭配配給的眷補實物等，再運用這些材料做出美味可口的家常料理。

以天然食材調味的眷村菜

「前兩天報紙報導某餐廳被攻擊炒飯要放醬油，講的那個人一定是眷村人。」（A1）

「當所有人都在用醬的時候，眷村如果是窮的地方，他就用一個東西，叫作最便宜的醬，容易取得的就只有一個，就是醬油。再來其他再高檔、再複雜，不同的醬，就到菜系裡面去呈現了；眷村裡面也有，但不多。就我什麼事情都麵疙瘩、醬油、炒飯、醬油，它就撐起整個中華飲食文化，是非常厚又共通的便宜的底，在眷村用不到貴跟特殊的醬的時候，醬油就變得如此重要和普遍了！」（A4）

　　「眷村菜就是很重視他的醬香味。媽媽把黃豆就自己做成一些醬油、一些醬料，所以任何的調味料都是非常簡單的，我們最重要的調味料就是糖、醬油，其他是天然的食材，其實它的味道是很簡單的，沒有很複雜，全部的味道是食材本身的味道。……這也追溯到它的一個原味，因為眷村菜它把當時多的這些菜醃製成醬菜，就有特別一個味道，這些味道用別的佐味料是調不出來的，所以像酸菜本身的味道是非常好的。」（A10）

　　既然眷村菜所使用的食材簡單，沒有太多食材可選擇，料理的調味成了眷村菜料理過程中不可或缺的關鍵，運用調味使菜餚顯現多樣化與層次感，其中，又以醬油的使用最為普遍，原因在於醬油是最便宜的調味品；除了醬油，也以天然食材加工調味，做成多樣的醃製醬菜，風味極佳，味道卻單純自然。

2.4　眷村菜的形成

　　由第一單元的資料中已知全臺灣至少 886 個以上的眷村，100,959 戶，有 50 萬以上的眷村人口；然而，為什麼會有眷村菜？它是怎麼形成的呢？

「我認為它被定義出來的時間，必須在 1949 年之後，必須要有眷村的成立前提，才有眷村菜的時期。」（A4）

這是指眷村菜的形成時間與空間範圍是在 1949 年國民政府遷臺後的眷村或眷村周邊的場域；其中，眷村居民的組成包含 1949 年前後，自大陸各省遷徙來臺的軍人及其眷屬與後代，以及因聯姻通婚關係而住進眷村的本省或其他地方居民。

然而，時間和空間範圍訂立出來後，只要符合這個時間點以後在眷村的場域範圍內所做的菜，就叫眷村菜嗎？

「如果今天我還有把眷村菜留下來的條件，在裡面還是有人用這種精神在研發創作新的菜，它再新，即便只有有一年、兩年的歷史，它就叫眷村菜。……我自己是眷村出來，我有時候也常在想這個事情，如果說是這兩年才紅的一道菜，它叫不叫眷村菜？應該也算，只要是在眷村裡面發展出來的，或者是

在這家媽媽發展出來的，它就應該收納在這個範圍裡。……你不能用一個人的身分，跟一個區域，跟一個時間就定義出來，必須要多幾個限制條件去限制它，……簡單定義容易，但就包山包海。」（A4）

意即眷村菜的確是眷村裡所製作、研發的料理或菜色，但是，除了時間與空間之外，還必須要有幾個附加條件，這些附加條件是構成眷村菜特色的最主要要件，其中最重要的附加條件是當時眷村生活的特殊氛圍。

「那時前門通後門，做菜的時候大家就會串門子，您們家吃什麼，捏一口，妳們家吃什麼，就再捏一口，真的就是這種感覺，到現在我都還記得。」（A1）

「當把圍牆拆了，眷村的人都搬到外面去了，沒有前門後戶穿來穿去吃飯的這個氛圍跟感覺時，它就叫作蔥爆牛肉，它就不叫眷村菜了，我覺得眷村菜更重要的是那個時代和那個氛圍環境裡面創作出來的家常菜。……我認為要有一個氛圍，跟一個感覺，像市民大道的陸光、村子口，它裡面放幾個軍歌，桌子有點破破，要有那個氛圍出來的時候，眷村菜才可能被定義出來。

很多的菜系已經不需要這些東西去撐了，很
多的省籍菜自己能夠呈現和能夠講話的
份量就很足了，就不需要別的東西了；
但是眷村菜，因為旁邊的東西是模糊的，它
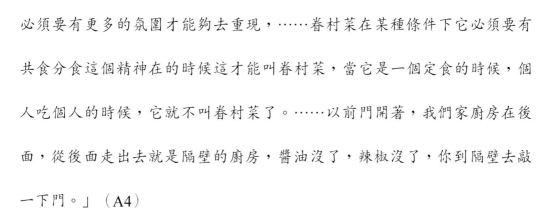
必須要有更多的氛圍才能夠去重現，……眷村菜在某種條件下它必須要有
共食分食這個精神在的時候這才能叫眷村菜，當它是一個定食的時候，個
人吃個人的時候，它就不叫眷村菜了。……以前門開著，我們家廚房在後
面，從後面走出去就是隔壁的廚房，醬油沒了，辣椒沒了，你到隔壁去敲
一下門。」（A4）

「我覺得那個很棒啊，我到現在都還記憶就是王媽媽家的饅頭，對面
的臘肉，……媽媽都會叫我們去隔壁拿個辣椒、拿個蔥，拿個什麼的，都
是這樣子，所以那種也是很棒的經驗。……就給她（鄰居）麵粉，她做好
饅頭後再給我們，就這樣子交換。」（A10）

　　由以上摘錄的幾段對話不難發現，幾位參與者們對在眷村裡的小巷小弄之間互相交流的記憶猶新，這也是構成眷村菜的一個最重要的條件—一種串門子的氛圍：由於當時生活簡樸，眷村各家各戶常常相互串門子，在串門子的過程中無論是生活的飲食、娛樂都相互交流，造成飲食生活與文化習性也互相學習、分享，更常有共食分享的情形，許多眷村媽媽因飲食的平行流動，包含食材、食物、口味的互通有無，而向鄰居學習製作美味佳餚，或自行揣摩、創新，造就許多眷村媽媽們都有好手藝。

啊，這就是眷村菜

CHAPTER 3

在這個單元，我們開始進入眷村菜的實質內容，當然，首先要認識的就是什麼是眷村居民的主食。

3.1　　米和麵是眷村居民的主食

「我們那時候三餐第一個飯、菜、湯，三餐喔！早餐都是如此，那早餐也許是乾飯，也許是稀飯，我們家裡也吃菜飯，早上有時候就是菜飯下去做的，其實菜飯很簡單，就是前天吃剩下的菜，我第二天把飯加點菜熱一下。」（C1）

「我們麵食跟飯是平行的，有時候發來的或人家給來的麵類跟飯都有，所以兩種都吃，這是生活困苦的問題。」（C2）

「其實我爸爸媽媽都南方人，但是經常吃麵食，為什麼吃麵食呢？因為

教會會發免費的麵粉，所以變成麵食是我們主要的主食了。」（C4）

「因為生活比較窮，大部分都吃是麵條、水餃，還有包子、饅頭，那時候我們會去吃手工做的

這些東西，可能是因爲老榮民都喜歡吃，當然也沒有像現在的生活那麼富裕，那個時候吃個包子就可以度過好幾餐了；我們當初眷糧有發米，米的話就是煮稀飯，也有吃飯。」（C7）

「眷村的飲食文化來講的話，最早期應該是偏愛於麵食，偏愛麵食的原因是因爲以前有眷糧，會換米、油、鹽、麵粉回來，麵粉你多出來的話，就會做烙餅、蔥油餅、麵疙瘩這些。」（C8）

「我們家是婆婆喜歡吃饅頭，公公喜歡吃稀飯，我是比較喜歡吃麵食、饅頭，中午一定都是吃麵食，以前的人都很節儉，譬如說把前一天的剩菜、湯啊什麼，就都煮在一起，煮成一鍋大雜燴，然後加麵條。」（C12）

「大部分是米麵都吃的，不會是特別多吃米或特別多吃麵，有時間就吃米，沒時間就吃麵，現在也是。」（C13）

多數眷村居民的日常飲食不外乎米、麵食，**C4** 的父母親雖然籍貫在浙江，不過家中有教會領來的麵粉，因而吃麵食比吃米食多；許多受訪者都

提到軍中配給米、麵粉，而眷糧的配給制度使得原有的飲食習慣改變，原本多吃麵食的北方人，因為眷糧配給米，所以家中也會吃飯；也有受訪者提到，吃麵不需要花太多時間準備且用料簡單，即便家中米、麵都吃，但是有時間準備配菜就吃米食，沒時間就吃麵食。

由於眷村家庭都仰賴軍中的眷糧配給制度或是教會的麵粉發放等，使得家中能有免費的米和麵粉，在當時經濟不富裕的年代，皆是有米就吃米、有麵就吃麵，眷村居民的飲食習性也因而改變。

此外，眷村的主食還具有「延續」的型態，如 C1 提及日常的菜飯是把前一日吃剩的菜與飯放在一起加熱，就是早餐的菜飯；C12 家中的麵食則常會把前一天的剩菜和湯加入麵條煮成一大鍋的大雜燴。

麵食是眷村的飲食特色

雖然眷村家庭多半是吃米也吃麵，但是很明顯的，麵食可說是眷村飲食的特色，這是什麼原因呢？

「其實麵食是比飯食來的輕鬆愉快節省，爲什麼呢？我媽媽一天中有一餐是煮麵，麵一煮全家都吃飽了，多節省啊，也不用煮菜，有辣椒、有酶料就夠了，所以麵食在那個時候會是一個主食文化的原因是因爲那時候不是很富裕，麵食又快又節省，所以我認爲麵食是每一個眷村人都會做的，即使你不會，你學都要學到會，以前的眷村是挨家挨户的，他們是廚房對廚房，我家的後門對你家的後門，你只要窗户一打開，看人家弄什麼，你就知道怎麼弄，弄久了就會了啊！」（C6）

「我們當初有配給，因爲米畢竟數量較少，都是一些麵食，麵食可以比較多元化，可以蒸饅頭、蒸包子、弄水餃，我們還可以煮麵疙瘩，所以我們多數吃麵食比較多，幾乎外省伯伯多數喜歡吃麵食，以麵食爲主。」（C7）

「外省伯伯會教眷村媽媽做的就是麵食而已，他們也不會做其他菜，以眷村的飲食文化，最早期應該是偏愛於麵食，因爲以前有眷糧，會換米、油、鹽、麵粉回來，麵粉就會做烙餅、

蔥油餅、麵疙瘩這些，其實眷村最早的文化就是麵食，很便宜，一大碗，就是眷村美食。」（C8）

由於麵食可做的食物千變萬化，而且有眷補配給麵粉，幾乎每個眷村家庭都會做麵食。吃麵食只需要酌料，不用太多配菜，很容易就可以餵飽一家人；然而麵食之所以可以成為眷村飲食的特色，除了眷糧配給麵粉，使麵粉廣泛推廣於眷村家庭，另一個重要的因素應歸於吃麵食的價格低廉，C13針對吃米和麵對家庭經濟的差異作了以下一個比較：

「米和麵喔，吃麵比較便宜，比如說你一樣澱粉的份量，一斤的米便宜一點23塊，一斤麵粉多少錢？13塊，我跟你同樣重量的澱粉，麵粉就比較便宜。好，你要變成一餐，一斤麵粉13塊，足夠三個人吃，你如果最簡單的只要吃飽，加點蔥花、醬油、醋、辣椒什麼的，就可以吃了，三個人吃，配料2塊錢；可是一斤的米你要讓三個人吃的話，你就得加好幾個菜，你最起碼三個菜，哪怕是青菜，哪怕是

醬瓜，你就不能用醬油去攪一攪，對不對？所以吃米的都比較有錢，你的菜要多、要豐富；吃麵的，一斤的麵粉加點水，變成麵疙瘩或變成麵條，好一點的，加個青菜，打個蛋花，加一些肉酥，打滷麵就出來了，其實會有那樣的差別；而且吃飯吃米，準備的功夫很多，可是吃麵呢，光一個麵，不加水的，炒一炒，麵茶；加冷水，做麵條；加熱水，做餅；都不加的，加油，油麵做什麼？做燒餅；麵粉還可以有煎的、煮的、炒的，變化更多。」（C13）

C13 的這一段話清楚解釋了為什麼麵食會成為眷村相當重要的飲食特色，不僅價格便宜，不需要太多配菜，也不用費太多工夫和時間製作，況且麵食可做的變化不勝枚舉，是許多眷村家庭很重要的主食。不過也因為過去眷糧配給軍眷麵粉的原因，部分原以米食為主食的家庭受到麵粉配給的影響，逐漸習慣吃麵食，甚至改以麵食作為日常的主食。在焦點訪談 A4 就特別指出這點。

「我們家從小就有配麵粉，所以家裡米吃完了怎麼辦，就是用麵粉做東西，不管是四川人或是廣東人，最後溫飽的那一餐就是麵食，所以它對我跟

父親的飲食文化影響很大，我們是被迫從廣東人變山東人，這沒辦法，那個環境就是讓你只好用麵粉做啊，到最後你要餵飽一家人，就是用配的麵粉去揉麵，就算你不會做也要學著做，就算真的不會做，還是可以把麵粉給對面的張媽媽、王媽媽，請他們家揉饅頭的時候也幫忙揉一點，蒸好後再拿一個現成饅頭回來。……也就是說，麵食對我的飲食文化影響很多，從我吃什麼東西來看，我說我是廣東人你們可能都不相信，為什麼，因為我早餐是可以吃麵的，我是飯吃很少，麵吃很多，一點都不像南方人的飲食習慣，因為我在眷村從小就是吃麵，所以這是受到當時環境的影響，雖然仍保留了一些過去的飲食習慣，但實際上卻已經改變了很多。」（A4）

因為有米與麵粉的配給，使得米和麵是眷村居民的主食，其中又因麵食的變化豐富而深受居民喜愛。曾經住在眷村裡的居民一定有的飲食經驗是「麵食」，這也是所有受訪者幾乎一致認同的眷村飲食特色，由於眷村居民可憑眷補證領取麵粉，使得麵粉的運用在眷村相當普及，而且麵粉變化性多、價格便宜、製作方便，因而廣受眷村居民喜愛，許多眷村居民的主食習

慣也因此改變，不少受訪者甚而認為麵食是眷村菜的代表特色之一；由此可知，「麵食」可說是影響眷村居民飲食生活最多的食物。從訪談資料中，我們整理出最常見的眷村麵食，除了饅頭、麵條、麵疙瘩、貓耳朵之外，就屬餃子和蔥油餅。

圖 3.1　沒有什麼比麵食更貼近眷村人的生活了！

3.2 　日常飲食：家常、隨性、物盡其用

接著，我們簡單的把眷村家庭的飲食分成日常飲食和非日常的非常飲食。首先，先來瞧瞧眷村居民平常都吃些什麼？

多蔬食，少見魚肉，烹調方式多紅燒與涼拌

「平常吃三餐的話，了不起一個葷菜，今天我吃肉，過兩天換吃魚，因為以前經濟不好，都是難得吃一次肉，難得吃一次魚，平常一般都是吃青菜，而且那時候的農業不發達，青菜樣數也少啊，有小白菜、菠菜、空心菜，還有高麗菜。也很常吃涼麵啊，將黃色鹼麵煮熟吹涼，拌入蒜汁，芝麻醬、香油，即可食用，方法簡單，香味濃。……還有很多涼拌菜，我們外省人拌的涼拌菜真好吃，有涼拌黃瓜、雞絲拉皮、涼拌冬粉，吃起來非常可口。」（C3）

「煮飯的話，你會想說今天要炒個青菜，或是有一個魚或有一個肉，那個時代的話，有肉就沒有辦法有魚，青菜則是固定的。我們也會有一些大蔥、小黃瓜，還有一些蒜苗，大蔥的話，可以沾一些醬，生吃也很好吃；蒜苗我們會把它拿來燒肉。」（C7）

「我最喜歡獅子頭，其他一般都是家常菜，還有滷味，也有紅燒魚和紅燒肉。」（C8）

「我們比較喜歡吃獅子頭，比較懷念的就是豬油拌飯，或者是豬油炸完的油渣配飯吃，小時候有那個東西吃就覺得很好，肚子餓的時候，會自己偷偷舀點麵粉去炒菜鍋炒一炒變成麵茶。」（C10）

「平常很難得有大魚大肉，如果五花肉便宜會拿來燒黃豆，豬油渣會當零嘴吃，也會紅燒吳郭魚，因為吳郭魚便宜；我們平常最常吃的是乾拌麵，乾拌麵就是麵條煮好以後擺蔥、蒜、辣椒、麻油、醬油，也不用配菜，這樣就很好吃了。我媽會涼拌菜就是小黃瓜拌粉絲，夏天就常吃涼麵，就是加小黃瓜和豆芽。」（C11）

「我們家吃什麼，就是豆芽菜，黃豆芽炒酸菜，放點辣椒，辣的要命，下飯、便宜，全部的菜都很便宜。」（C13）

由眷村居民的日常飲食內容就可窺見當時的生活條件與經濟狀況，平常最普遍吃的是青菜、豆腐，C3 和 C7 都表示家中難得有魚又有肉；C10 和

C11 都提到現在人覺得不健康的豬油渣，在當時是酥香脆兼具的美食。

透過訪談資料的整理，眷村居民在日常的飲食中，最常使用的烹飪手法應屬「紅燒」，如 C7 的蒜苗燒肉、C8 的紅燒魚和紅燒肉、C11 的黃豆燒肉以及紅燒吳郭魚等，在其他訪談中，受訪者還提及的有紅燒獅子頭、紅燒雞、鹹魚燒肉、紅燒豆腐等。除了紅燒，「涼拌」在眷村也很常見，如涼拌雞絲拉皮、涼拌冬粉、涼拌小黃瓜、涼拌豆腐、涼麵等。

然而，為什麼眷村家庭常有「紅燒」和「涼拌」的烹飪方式？我們推測是因為眷村裡的生活多半簡約，所以「下飯」是眷村菜的必備條件；「紅燒」的做法容易將食材入味，在色香味俱全的情形下，只要有紅燒菜的出現，家庭成員就能因而多吃上幾碗飯；同樣地，「涼拌」的做法之所以在眷村常見，不單單是因為製作簡單，涼拌菜的口味清爽，一樣非常下飯，才能深受眷村居民的愛戴。

食材以蔬菜為主，最常見高麗菜、豆腐和空心菜

眷村的日常飲食多半是蔬菜為主，飯桌上常見便宜的豆芽菜、黃瓜、高麗菜、空心菜等；其中，運用範圍最廣的莫過於是高麗菜、豆腐和空心菜了。

「四川的梅乾菜是用高麗菜做的，高麗菜的甜味高，味道相當好，我很喜歡，這和現在菜市場賣的梅乾菜味道完全不一樣。」（C2）

「有時候我們就買高麗菜回來，切絲洗乾淨，拿來涼拌，就會覺得很好吃了。我們家也做梅乾扣肉，梅乾菜以前也自己做，早期用高麗菜，因為做出來比較甘甜，高麗菜便宜，生產量多，那時候沒冰箱嘛，所以就曬乾一點，可以保存比較久，現在我們每年過年都還是會自己做，因為現在菜市場都只能買到芥菜做的，可是我們做的高麗菜梅乾和本省的芥菜做的梅乾味道不同，口感也不一樣。」（C3）

「像高麗菜曬乾以後就會形成一種味道，把它們擠在一個玻璃瓶內，醃製後，把它拿出來用，只要幾片，煮排骨或者煮甚麼，那個味道就很香。」（C5）

這幾位受訪者都提到便宜且最常使用的食材包含冬季的節令蔬菜 - 高麗菜，當季的高麗菜不但鮮甜且價格平易近人，除了炒菜、涼拌，還可把家中高麗菜曬乾，做成梅乾菜，也是許多眷村居民的共同記憶，C2 和 C3 不約

而同地都在訪談中闡述家中以高麗菜所做的梅乾菜，和現今坊間常見的以芥菜所做的梅乾菜，吃起來的口感與香味大相逕庭。

除了高麗菜，平價且運用方式多樣化的豆腐，也是眷村裡常見的食材。

「豆腐乳是成功村的特產，成功跟二高村都會做豆腐乳。」（C3）

「我們家裡可以兩、三天不用煮菜，就饅頭配碗湯，饅頭配個豆腐乳，配個鹹魚，就這樣子，一餐就可以打發掉了。」（C4）

「媽媽常做的就是涼拌豆腐，花生米先去皮，一顆一顆的，切一點香菜，然後跟豆腐拌一拌，好一點會加個皮蛋，加點香油和辣椒拌一拌，所以眷村菜就是走這種簡單路線。」（C8）

「我媽媽做的菜讓我印象最深的就是肉絲豆腐乾炒四季豆，後來眷村裡面還有包豆腐香腸也蠻好吃的，這是眷村的特色。」（C9）

「印象最深的是麻婆豆腐，……我們做出來的主要是四川麻辣香腸和豆腐香腸。」（C10）

「那時候板豆腐很便宜，叔叔都會把豆腐切塊，兩面煎黃做紅燒豆腐，

常出現青菜豆腐湯，就是番茄小白菜豆腐湯，……還有煮綠豆稀飯配饅頭、饅頭夾豆腐乳，以前都很窮，都是用這些便宜貨，為了溫飽而已，沒有什麼講究色香味，這些就很好吃了。」（C11）

　　眷村居民對於豆腐的使用非常普及，由於其運用範圍廣，且價格便宜，不僅拿來做菜、煮湯，在變化多樣的豆腐料理中，豆腐乳和豆腐香腸可說是十分具有眷村的飲食特色，豆腐乳除了拿來配飯也用來配饅頭；而豆腐香腸更是眷村才有的特色年節食物。

圖 3.2　豆腐乳配饅頭，簡單，卻很夠味。

另一個常見的食材是空心菜，且空心菜具有一菜多吃的功能。

「空心菜葉拿去煮湯，空心菜梗就把它切小段，一小段一小段，就像炒蒼蠅頭，然後炒辣椒。」（C11）

「以前的空心菜和現在的長得不太一樣，以前的空心菜葉子少、梗粗，菜葉拿去炒或煮湯，但又長又粗的菜梗丟掉浪費啊！媽媽就把它拿來醃一下，炒個蒜頭、辣椒，反正和清炒空心菜的味道不同，這樣桌上雖然有兩道空心菜，可是味道不一樣，所以我們也都能接受啊。」（C12）

「蒼蠅頭這道菜在眷村很常做啊，就用空心菜梗做。把空心菜梗切成小細丁，就像蒼蠅頭的韭菜丁那樣，然後也是炒豆豉、辣椒、蒜頭，好一點的話，會加點絞肉，炒出來的蒼蠅頭是又香又辣，絕對下飯，哪還會注意到那是空心菜梗啊！」（C13）

空心菜在現今餐桌上多半以蝦醬空心菜、蒜香空心菜的樣貌呈現，然而在過去，「空心菜蒼蠅頭」才是眷村餐桌經常出現的菜色，就如 C11、C12、C13 所提，空心菜的葉子用掉後，基於不浪費的心理，就將它切成細

段，加入調味，成為餐桌上的另一道佳餚。

就地取材，物盡其用，絕不浪費

　　就如同空心菜梗煮湯，空心菜葉做菜一樣，這種完全不浪費，一菜多用的做法也充分運用到許多食材，如蘿蔔、雞肉⋯⋯等，也都同樣具有這樣的特性。

　　「最平常的是曬高麗菜、曬蘿蔔乾，準備在菜價昂貴時食用，克勤克儉的精神亦是眷屬克難過日子的特色。菜市場很多人會把蘿蔔皮剝掉，剝掉的蘿蔔皮我們就收回來洗乾淨、曬乾，再擱到煮過的開水裡，再曬乾，曬乾以後把它做成泡菜很好吃，所以在早期眷村的生活都能使用本來會丟掉的食材再利用。」（C9）

　　「以前就窮嘛，就算買雞也都買老母雞，老母雞拿去燉湯，這樣就有雞湯可以喝，以前有人過年會送金華火腿，就切幾片下去一起燉，然後放白菜去燒，燒成濃濃白色的湯，燉好的雞肉再另外拿來做菜，像涼拌雞絲。」（C12）

除了空心菜可一菜多用外，還有蘿蔔也是，可將削掉的蘿蔔皮洗淨後做成蘿蔔乾和泡菜；具有相同特性的還有老母雞燉湯，不單單可將雞肉剝絲做成涼拌菜，燉出來的雞湯更是營養豐富又好喝，像這種物盡其用的做法在眷村的日常飲食特別顯著。

　　根據居民的日常飲食菜色，除了將食材運用的淋漓盡致、一菜多吃外，眷村的日常料理更彰顯不浪費且具延續性的精神，前一餐未吃完的食材或食物，到下一餐再加點其他食材做成另一道菜的情形，是眷村家中很平常的飲食生活。

　　「蔥燒鯽魚沒吃完的時候，它可以吃魚凍，魚凍就是當你放冰箱之後，第二天拿出來，倒一點點醋下去，吃原本汁的魚凍，也蠻好吃，那都是吃冰的，他們覺得冰的很好吃。」（C7）

　　「前一兩天剩下的菜，把它燴一燴就變成很特殊的菜，像五更腸旺，就是一些剩菜加點豬血加點辣，燴一燴就變成五更腸旺，所以很多的眷村菜都是臨時有的，單就一些現成的材料去做處理，不是說，我為了做這道菜我要

去買什麼菜，要配什麼酌料。」（C10）

「譬如說涼拌小黃瓜配綠豆粉，吃剩下來的到第二天再拿來乾拌麵很好吃。」（C11）

「拜拜神明、祖先要先吃嘛，神明、祖先吃完以後，已經煮熟的這塊肉要怎麼辦，味道可能已經不好了，那就再去回炒一下變成回鍋肉，加點豆乾、青椒，然後再放點甜麵醬，又是一大盤下飯的菜。」（C13）

許多的眷村菜做法是，將家中沒吃完的剩菜，加入一些新的食材或調味料就可再衍生出不同的菜色或味道，延續到下一餐成為另一道菜餚，就如祭拜過的三層肉，經過料理程序後，成為可口下飯的回鍋肉；也就如同 C10 所言，「很多眷村菜都是臨時煮出來的，單就一些現成的材料去做處理」；因此，眷村的飲食呈現一種隨興、就地取材，且物盡其用，絕對不浪費的形態。

換句話說，像高麗菜、豆腐與空心菜等便宜食材的運用，加上簡單、下飯的烹飪方式所做出的家常料理就是眷村居民日常菜餚的共同特色；這種簡

單便宜的家常菜就是眷村餐桌的呈現，所以多半隨興且一點兒不浪費，也就代表眷村菜具有一種克勤克儉，卻又富於變化的精神。

「醃製」是眷村飲食的另一個特色

為了讓家人一年四季都有蔬菜可以吃，且增加菜色變化的豐富性，「醃製」是眷村很常見的食材處理方式。如前述由高麗菜所製作的梅乾菜在眷村十分受歡迎，而其他新鮮蔬菜也常拿來做醃製菜。

「可以醃大頭菜，還有醃蘿蔔乾，也是把它切絲切細長，然後掛起來曬乾。……早期我們眷村裡面有一家做醃鹹菜，蘿蔔乾、大頭菜絲，大家吃了都覺得很好吃，那時物質缺乏嘛，只要你的味道多一點調味，就覺得很好吃，比如醃黃瓜，還有菜豆就可以拿來泡酸豇豆。」（C3）

「眷村還有一個特色，就是每家幾乎都會泡菜，這個泡菜很有學問，木瓜切成一塊一塊丟進去，黃瓜也丟進去，綠色的黃瓜泡在裡頭，整個顏色變黃就可以吃了，很好吃。……還有大頭菜，我們叫撇蘭，也可以做泡菜：泡菜的食材很多啊，我們還有把辣椒丟進去泡，那味道很香；也有把蘿蔔切開，

然後再去曬蘿蔔乾，曬完以後把它醃起來，做蘿蔔乾，幾乎每家都有做蘿蔔

乾。」（C9）

圖 3.3　曬蘿蔔乾，是一種眷村生活的常態。

圖 3.4 用菜豆醃製而成的酸豇豆，只要炒點辣椒、蒜末，就是道滋味豐富的小菜。

小結

眷村居民日常飲食最常使用的烹飪方式為紅燒和涼拌；雞鴨魚肉在生活不富裕的眷村家庭並不常見，反倒是高麗菜、豆腐和空心菜是最常出現的食材，且常有一菜多用的特性；為了保存食材，讓家人一年四季都有蔬菜可以食用，也常有自製的醃製菜。

眷村菜最主要特質為家常，食材多半容易取得，使用在地食材，且當有吃不完的食物，也會本著不浪費的心態，延續到下一餐繼續使用，或加入新

食材，成為另一道新的菜餚；這種具有「家常」、「就地取材」與「延續性」的特質，是指一種運用隨手可得的食材，且物盡其用，具有延伸性的家常料理；如，把削下來的蘿蔔皮洗淨後醃製；將香菜葉使用後剩下的香菜梗拿來炒菜，以及空心菜、老母雞二吃等，都有異曲同工之妙，在在顯現了眷村菜節省、惜物的精神；而且多半家中有什麼食材就煮什麼食材，是臨時決定的即興創作。

因此，眷村菜的食材具有就地取材、物盡其用，運用現有材料做變化的特質。由於使用的材料簡單，且妥善利用，眷村菜的食材利用上有不浪費，且具延續性，常有一菜多吃，或將前一餐的剩菜加入新食材變成另一道新菜色，以及運用手邊現有食材變化出獨具創意的美味佳餚等特點，並且多是便宜的當季蔬菜和豆類，少見魚、肉、蛋類；由眷村居民的深度訪談中，我們可歸納出最常見的食材為空心菜、豆腐和高麗菜。

然而，包羅萬象的眷村菜菜色中，我們仍試圖從中找出易被提及，或有共同記憶的菜色。因為眷村生活普遍不富裕，日常飲食的眷村菜呈現家常、簡單、隨興的樣貌，多以手邊的現有食材做出方便、快速、下飯的美味家常

菜。在眷村居民的訪談資料中，我們發現「涼拌」、「紅燒」是最為常見的烹飪方式，因為涼拌與紅燒的料理方法符合方便、下飯的特色，且紅燒的菜餚易於保存，這餐吃不完可以延續到下一餐繼續食用，如黃魚燒豆腐、黃豆燒豬皮、涼拌肉皮等，都是在焦點團體討論中曾被提及的菜名，黃魚燒豆腐及黃豆燒豬皮屬於紅燒類，涼拌肉皮顧名思義是涼拌類，也就是說涼拌和紅燒的確都是眷村常見的烹調法。

為了保存食材，眷村裡有許多的醃製菜，如豆腐乳、酒釀、泡薑、泡小黃瓜、醃梅乾高麗菜、醃辣蘿蔔乾、衝菜、酸豇豆、酸白菜等，這些在眷村裡常見的醃製菜，不但可以直接拿來做菜，也可作為菜餚的調味；由於眷村菜強調簡單、快速、下飯的特質，調味更顯重要，醃製菜伴隨而來的各種不同滋味，可說為餐桌上的美味又增色不少。

圖 3.5　「紅燒」，因為下飯，是眷村常見的做法。

　　除此以外，獅子頭與滷味都是一再被受訪者所提及的菜色。在受訪的

眷村菜餐廳業者的銷售項目中，「獅子頭」是所有受訪的眷村菜餐廳業者都

有推出的菜色，而眷村居民也有多位都在訪談中提及獅子頭料理，媒體記者

D3 甚而認為獅子頭是眷村的經典菜，可見「獅子頭」在眷村裡深受歡迎的

程度。除了獅子頭以外的另一個備受推崇的菜色應當屬「滷味」，不僅眷村

居民喜愛受訪的眷村菜餐廳業者都有銷售滷味，只是滷味的內容龐雜，舉凡

豬頭皮、牛雜、牛腱、豆乾、海帶、米血等，種類繁多，各家推出的滷味內

容不一而定；眷村滷味與傳統臺式滷味的最大差異之處是眷村滷味是「滷到入味」，臺式滷味則以沾醬取勝。其他如臭豆腐或臭腐捲，以及蒼蠅頭等，則是受訪的眷村菜餐廳業者菜單上多次出現的菜名。

3.3　非常飲食：食材豐盛、在地化的家鄉味

在前一小節，我們已經知道眷村居民的日常飲食是由便宜、簡單、隨興、家常所構成的美味料理，然而「非常」的飲食呢？在這裡，我們把非常飲食分為農曆過年、朋友來訪與其他節慶或特殊節日等三個不同的時間點。

農曆過年

「我印象最深的是過年的點心，炸的伍仁餃子，它是用油麵做的鹹甜口味的廣式點心，以及自己做的麻花、發糕、餃子、饅頭、蘿蔔糕，過年一定有這些東西，媽媽從很早就開始準備，還有一個就是梅乾

圖 3.6　眷村的滷味已經滷到入味，不需任何沾醬就很好吃。

菜。……媽媽會將年夜飯吃剩下的一些雞屁股、雞爪、豬腳、豬小腸等，至少十樣菜，丟進去煮成一鍋，叫做紅燒什錦，原則上就是，過年會有這些東西吃，不會讓你餓到，有什錦、有臘肉、有饅頭、點心，隨便你吃。」（C2）

「做香腸、臘肉，我們那時候還醃鹹魚，鹹魚拿來煮三層肉、燒紅燒肉很好吃，我們也自己做梅乾扣肉、蛋餃、豆瓣魚，還有糖醋魚、紅燒雞肉，而且還有很多涼拌菜，還有四川人做的麻辣雞也很好吃。……過年就是不一樣，雞鴨魚肉全部都有，平常很少吃到的葷菜，過年全部都有了。」（C3）

「我們現在過年比較沒有人會做香腸、臘肉這些，那時候幾乎每家每戶都會做。」（C4）

「一定要有魚有肉，反正會去印證一些俗話，像是年年有餘，一定會有魚，這些三牲五果都還是會拿來做料理，糖醋魚啊，或者肉就拿來做切片或拿來滷，大概還是這樣的口味居多！」（C5）

「過年過節的時候，我們會做一些家鄉菜，會有來自於巷弄鄰居提供的一些新的創作，比如鹽酥雞，這是自己想出來的菜，還有東坡肉；會以香腸臘肉為主，還有雞肉，會做一個紅燒肉、清蒸或紅燒魚，好像山東人還是哪

邊，他們一定要有水餃，像我們江蘇人就是獅子頭，代表團圓，每家做的大小不一樣，獅子頭當然要紅燒。」（C7）

「過年我父親就會自己揉饅頭、蒸饅頭，我父親的一些同事，家鄉的一些老鄉都過來的話，就會準備比較多一點；媽媽就會做甜年糕、發糕，然後就是滷牛腱、滷味啦、豬腸啊，滷了很多，要吃的時候就切片冷盤，其他過年菜，像炒臘肉、香腸，香腸我們都自己灌，印象中臘肉我們也曾經做過，我收過一條一條的臘肉。」（C8）

「大家會做火鍋團圓，不可少的有兩道，第一道，四喜丸子，就是獅子頭，它一盤裡面肉丸子放四顆，炒的開陽白菜墊在下面，吃了以後，一年四季都會有喜氣，然後還有魚，魚還不能把它吃光，年年有餘。」（C9）

「早期老人家會想盡辦法弄一些金華火腿回來，炒飯、煮湯都有。過年就香腸、臘肉或醃的鹹魚都有，過年就是這些比較特別的東西；因為我們是浙江人，每年過年一定會炒寧波年糕。」（C10）

「就是有雞鴨魚肉，平常很少吃雞、魚。還有我們隔壁媽媽會灌豆腐香腸。」（C11）

「過年的時候會自己灌香腸，還有做過風雞腿，那在過年過節才有。以前雞鴨比較少吃，就過年的時候會有。我記得還有一個很大很大的金華火腿，要客人送才有得吃，就一天切那麼一點去燒湯或者炒蒜苗。」（C12）

「我們家一定都會在過年的時候做一些家鄉菜，比方說珍珠圓子，我們講糯米圓，然後我們家吃蓮藕，蓮藕我們是用炸的，做藕夾，蓮藕把它切片，中間裹些肉末去炸，然後十香菜，這三個我們過年一定做，這是比較家鄉的。」（C13）

每年的農曆過年前，眷村家家戶戶都會提早準備年節食品，最常見的莫過於是香腸和臘肉，承襲中國大陸的習俗，眷村多數人家都有自己灌香腸和做臘肉的習慣，有些眷村媽媽若不會做，也會向鄰居學習，或是跟鄰居購買；年節常見的年糕、發糕等多數家庭也都會準備；幾乎每戶眷村家庭在過年時都會準備很多食物，所有的人都可以自己取用；當然，也會有單身的朋友到家中一同吃團圓飯的情形，因此，在過年時總是有許多日常吃不到的食物，且熱鬧喜氣。

許多眷村居民都提及過年會特別做家鄉菜，如梅乾扣肉、紅燒獅子頭、東坡肉、寧波年糕等，也有眷村家庭會為了年節，特別以金華火腿燉湯。傳統俗諺的吉祥用語也展現在年節飲食上，如吃團圓火鍋代表一家團圓，吃四喜丸子代表來年四季都有喜氣、吃魚代表年年有餘，吃年糕代表步步高升等。

　　整體看來，平常粗茶淡飯的眷村家庭，到了農曆過年，可說是一反常態，日常少見的雞鴨魚肉全都出爐上桌，而豐富的小吃點心點綴了新年歡樂的氣氛，讓過年期間「不會餓到」，且能有全新的氣象，也冀望一整年都能富足。

圖 3.7　臘肉與香腸是過年時餐桌必備的美食。

朋友來訪

「家裡有爸爸的朋友來才有特殊的，就多燒一隻豬腳，配兩個菜，那個都是很難得的啦！」（C2）

「像我們浙江臨海、大陳這邊的，如果今天有貴客來，我們就會發所謂的潤餅，那時候我們都叫春捲；春捲一做就是一桌，差不多有十幾道菜，然後你挑你自己喜歡的包，這個是我們這邊招待客人最豐盛的菜，它跟我們家炒菜一樣，是一盤一盤的，但是菜是比較沒有水分，大人差不多可以吃三、四捲。……有客人來的話，我們最常吃的就是現在所謂的紅燒肉、紅燒排骨，因為物質缺乏，所以肉類就是相當高級的一種食物啦！」（C4）

「家裡有客人的話，一般會有雞肉，然後煎個魚，要不然就是有個紅燒肉或回鍋肉，青菜。」（C8）

相較於平日的便宜、簡單，只求溫飽的三餐料理，當家中有朋友來訪時，眷村居民會準備比日常豐盛的食物，如魚、肉等，而 C4 表達母親會沿襲家鄉傳統，為來訪的客人準備十幾道菜，讓客人自己包春捲食用，這在浙江的

大陳島等沿海地帶是最豐盛的待客佳餚。

其他節慶或特殊節日

「端午節是一定包粽子，我們家包的是長粽，裡面就放排骨、蛋黃、蝦米、花生、香菇、栗子，很特殊，然後水煮，我們包的和鄰居不一樣，她們包的是一般傳統粽，也會交換吃。中秋一般都吃月餅，月餅的話都買現成的，不像現在還有蛋黃酥什麼的，在早期是沒有這些東西的，然後就是文旦。」（C10）

「像我們村子裡面第五、六排吧，端午節的時候每人會掛個茶葉蛋，掛在胸前。鄰居會用艾草做成寶劍掛在牆上，門口也會掛艾草，小孩的臉上還會用雄黃酒畫王八，大人就喝雄黃酒。」（C11）

「每次我姨媽到端午節就說要把茶葉蛋分享給我們，就算不是自己做的，她也會到超商去買茶葉蛋，因為她拜拜一定要用茶葉蛋。」（C12）

早期眷村家庭都會保有一些傳統的地方特殊習俗，如端午節時吃包排骨的長粽，有些則有吃茶葉蛋的傳統，還有眷村居民回憶村子裡有鄰居會在家

門前掛艾草，小孩用雄黃酒畫臉，大人則喝雄黃酒的舊俗。

「像我們以前孕婦生小孩坐月子，都有吃甜酒釀煮荷包蛋，甜酒釀可以排生產完的髒血；煮酒釀是不用放糖的，因為酒釀它是糯米發酵的，超甜，真好吃，是自然的澱粉甜。」（C3）

「我們那個時代呢，只要你家裡有人生小孩、坐月子，幾乎都會做酒釀，不然就是別人會送酒釀，家裡的人不會做，別人就會送你，酒釀就跟蛋一起煮給產婦吃；酒釀就做一鍋，連鍋子一起給你，吃完以後，再把鍋子還給他，一瓢一瓢的酒釀再加荷包蛋。」（C9）

酒釀，又稱醪糟，是運用糯米發酵而成，在眷村很常見，居民認為酒釀溫補，常用來冬日進補食用，尤其產婦坐月子時最常見，當村子裡有人生產，左右鄰居也會自做酒釀贈送給產婦，酒釀蛋被認為是坐月子期間最好的補品。

「過生日就一碗麵加個蛋而已。對啊，壽星就加個蛋啊，其他人吃陽春麵，吃麵啊。」（C4）

「像我們家平常如果有人過生日的話，我叔叔會紅燒豬腳，然後加麵線，壽星是兩個紅蛋，沒過生日的人就一個紅蛋。」（C11）

　　家中若有人生日，早年眷村是不流行吃蛋糕的，而是吃「蛋」，因為蛋是平時不易吃到的食物，吃蛋也有祝福好運的意涵。

　　不論是過農曆年、其他節慶，或是朋友來訪，還是坐月子、生日等特殊日子，眷村家庭都會以異於平時的飲食面貌來彰顯這些時節的與眾不同，不單是飲食內容比往常豐富，少見的魚、肉或蛋，也會在這些「非常」的時間出現在家中的餐桌，透過飲食來為特殊的節日增添歡娛與喜氣。

小結

　　家鄉味是許多眷村家庭過年時必備的料理，很多家鄉菜因為做工精細繁雜，也只有在過年才能吃到；這些家鄉菜中，不乏各菜系中的知名菜餚，如梅乾扣肉、東坡肉、金華火腿、寧波年糕、珍珠丸子、藕夾等。香腸與臘肉更是餐桌上不可或缺的美食，平常吃不到的雞、鴨、魚、肉，在過年時全都出籠，紛紛上桌，食材委實比日常高級、高檔許多。

　　而特殊節日、朋友來訪，家中總會多準備些菜色與食物，眷村居民的非常飲食，可說是呈現完全不同於日常的清簡樣貌，如平日不易吃到的蛋類，在生日、做月子、端午節等特殊節日會出現在眷村家庭的生活中。

　　在非常飲食裡，眷村居民所表達的另一個共同記憶就是過年時的香腸與臘肉，幾乎全數的眷村居民都有過年吃香腸、臘肉的回憶，即使自己的家裡不會做，也會請隔壁媽媽幫忙做，受訪的眷村菜餐廳中就有在店裡銷售自製香腸作為伴手禮，也有直接將香腸、臘肉等曬在店門口，吸引不少民眾駐足的，可見香腸和臘肉絕對是過年時不能被遺忘的眷村菜菜色。而獅子頭與滷味都是在非常飲食中時常出現的菜色。媒體記者 D3 舉例說明她認為的眷村經典菜：

　　「所謂的眷村經典菜，也許我認為是經典，但其他的眷村人不見得認為是經典，每人見解不同，但我認為過年過節的大菜應該都屬於經典菜。經典菜色有蒜苗炒臘肉、珍珠丸子、粉蒸肉、蔥蒜爆大蝦、紅燒獅子頭等。」（D3）

圖 3.8　「獅子頭」可說是眷村菜經典中的經典。

《延伸閱讀》

眷村菜有大菜嗎？是許多人很好奇的問題。

「眷村菜這種東西也有大菜啊，像每一年過年自家做的菜就有大菜，連外面五星級餐廳的菜單都有啊，像八寶鴨；很多東西，也許你說是小菜，但是五星級餐廳裡面吃的菜，我們眷村裡面都有吃過，不見得會輸阿基師喔，因為各家的口味吃法不同，所以再高級的東西，在我們小時候，眷村都吃過。一盅

一盅的佛跳牆，其實在我們那時候就叫什錦，最少有十種食材，只是現在這些菜的用料都變得比較好，有干貝、有鮑魚，有魚翅，食材高級了。」（C2）

「眷村菜裡面，像麻辣雞、豆瓣魚啊，是不是大菜？外面現在餐廳也有豆瓣魚、東坡肉，眷村裡也有啊，還有梅乾扣肉蒸的入口即化，非常好吃，當然是一道眷村的大菜，還有獅子頭也是大菜，另外，像糖醋魚都是眷村的大菜。」（C3）

「沒有學的很精華的，都家常菜，婆婆的大菜沒有學到。」（C11）

C2、C3 都認為眷村有大菜，如八寶鴨、什錦、麻辣雞、豆瓣魚、東坡肉、梅乾扣肉、獅子頭、糖醋魚等；C11 也說自己向婆婆學了很多家常菜，但大菜沒學到，間接表態眷村菜裡是有大菜的。只是仔細了解受訪者所提出的大菜菜色，相當接近非常飲食的菜色內容，而相異於日常飲食的家常菜。

也就是說，提高使用的食材與過年吃到的菜餚中，就有許多的高級菜；如果要說眷村菜常見小菜、家常菜，則是因為只單純考量到「日常」的眷村飲食，而末顧及「非常」的眷村飲食生活，也是我們要簡單地將眷村菜分類為的「日常」和「非常」飲食的原因，兩種不同的飲食生活所呈現的菜色內容有明顯的差異，若僅以日常飲食來解釋眷村菜，則眷村菜平凡、簡單且不起眼的菜色，的確難登大雅之堂；但，以廣義眷村菜的涵蓋範圍而言，只要是在眷村與眷村周邊的範圍內，所做出的具有眷村內涵與精神的料理，理當皆屬於眷村菜的範疇，因此，眷村菜包含非常飲食的大菜，而大多數的大菜是眷村居民懷念

的家鄉味，或由家鄉味所衍生出的創意菜色，這些菜色中，也許有菜系裡的特色菜，但這些菜餚大多都就地取材，食材與口味已經轉化，而呈現「在地化」的樣貌。

　　不能否認，眷村裡的各種家鄉味，仍有許多是承襲家鄉菜的精選用料與繁雜手工，雖然使用許多在地食材，口味也多半已經呈現「在地化」，卻依舊是深具「大將之風」的佳餚。這些備受眷村居民喜愛的家鄉味中，不乏各大菜系的特色菜、省籍菜，如屬於川菜的回鍋肉、麻婆豆腐；屬於湘菜的珍珠丸；屬於淮揚菜的八寶鴨等。

圖 3.9　過年的年夜菜少不了家鄉味，這些家鄉菜來到臺灣以後，即便是運用在地食材料理，也同樣深具大將之風。

《延伸閱讀》階級、軍種、部隊與眷村菜的關係

不同階級間的飲食差異

在眷村居民一連串的訪談中，雖然居民的日常飲食普遍簡約，但從中不難發現，父親在軍中階級較高者，其日常飲食內容相對於階級低者豐盛許多。

「住眷村的時候，我們假日常常會全家出去吃飯，因為我父親是醫生（軍醫）嘛，我們家環境還不錯，假日幾乎都會去高雄吃，就是老正興，江浙菜。……我媽媽過年時一定要煮十道菜，我最記得後來姊姊妹妹全都出國了，只剩我還在臺灣的時候，家裡只有爸爸、媽媽、我、我太太和一個兒子，共五個人在家過年，我媽一樣十道菜。」（C1）

「因為我們這裡是將軍村，所以幾乎都像我媽媽這樣，先生是將軍，家裡都有傭人，自己不碰廚房的。……我記得小的時候，我們家北方人，都吃麵，我們就到外面去買牛雜，還有一些牛肉，我們家一滷就是一鍋，麵條一碗，牛肉一匋，就好吃得不得了，所以我們身體很健康就是那時候吃出來的，經常吃牛肉麵。……要滷牛腱，買了十幾條牛腱，滷好後，就分一些給鄰居。」（C9）

眷村居民的 13 位受訪者中，C1 和 C9 可說是當中的特例，C1 的父親是軍醫，C9 的父親是陸軍少將退休，家境比起一般士官兵，或校級軍官的生活都優渥許多；因此，在訪談中雖然也可以感受到其家庭飲食也具有簡單、不浪費且具延續性的精神與特質，但飲食內容比起大多數眷村家庭日常食用的青菜

豆腐可說是「高檔」不少，如 C1 的家庭，假日時常到餐館用餐，而過年不論人口多寡永遠都會準備十道年夜菜；C9 的家庭日常飲食是「牛肉」，這些都是在普通軍階的眷村家庭少見的景象。

不同軍種間的飲食差異

「空軍是在四川跟浙江居多，原來是基地在成都的，後來又退到浙江，所以我們住的村以這兩個地區的生活習慣比較多，很多眷屬就是浙江跟四川人，而且四川還以成都為主，因為那時都在那邊。……你的母親是浙江的，她煮的菜大概都是那一類，他學到的就是這一些嘛！母親是四川人，她煮的大部分就偏重在川味，會比較辣一點。」（C2）

「那個時候空軍基地在四川成都，所以入空軍的人都會在四川待過，四川的人本身幾千年來的習慣就是喜歡吃辣椒，所以四川就有辣豆瓣，他們當初為了要調味，吃的口味要重，煮魚就放個辣豆瓣，就豆瓣魚。」（C3）

「就是大江南北的每個省，除了新疆、西藏這種比較邊疆地區的沒有，雲南有，東北的也有，因為我們這邊幾乎每一戶都來自不同的省份，這裡的眷村都是分發的，分發過來後大家就聚在一塊。」（C4）

「我們家跟我們家的隔壁吃的都完全不一樣啊！我們家隔壁湖南人，我們山西，再隔壁山東，再往下又是河南人，再往下福建，再往下浙江啊。」（C6）

「空軍眷村來講的話，大部分都是四川口味比較多，我們空軍的四川人比較多，主要以四川菜為主，可是眷村裡多多少少還是有像我們這種南方人，

所以眷村的菜色其實是大雜燴。」（C10）

　　雖然，眷村裡有來自大江南北各省，但如 C2、C3 及 C10 所描述，他們所居住的空軍眷村以四川人最多，其次浙江，因而口味上，以四川口味為主，多半偏辣；C4 所居住的僑愛新村以陸軍為主，但也有其他軍種，居民的構成除了沒有少數邊疆省份外，組成來源遍及中國大陸各省；C6 所居住的陸軍眷村，也是各個省份都有。也就是說，也許空軍以四川、浙江的居民最多，空軍眷村家庭的飲食多川味、浙菜；海軍的居民組成可能會以沿海省份較多，所以菜色多粵菜、閩菜、浙菜、蘇菜；但，不論何種軍種都仍有會有其他省份的居民，所以，就如同 C10 所述，眷村的菜色其實是各省綜合的大雜燴。

不同性質的部隊的眷村家庭飲食

　　在眷村裡，有另一種相當特殊的情況是不同部隊性質所造成的飲食差異。

　　「像我們這邊的建國一村，40 戶而已，全部都是飛行員，沒有什麼太太會炒菜的，他們都是請傭人啊！建國八村，他們全部都修護大隊的，士官階，當中有一些媽媽是大陸過來的，他們的家鄉味道更濃更重。凌雲二村，全部都是飛勤的，你們知道的黑貓中隊那個，根本都不在家裡，那誰煮菜，全部都在部隊裡面吃的，他們一家老小都在部隊吃，連念書都在部隊念，哪有什麼眷村菜？眷村菜就是部隊菜嘛，就是伙伕頭煮的菜嘛。那像我們陸光二村，軍官大概 300 多戶，其他約 1000 戶都是士官或是士兵，房舍有分甲種、乙種、丙種、丁種，生活，有的很好，有的不是很好，在那個年代，眷村菜就是隔夜不丟，

吃到完為止！……吃水餃不是全大陸各省都在吃，是因為當初的部隊只要年節就吃水餃，所以養成了這個習慣，他們後來各自成家，逢年過節就會煮水餃，還有特別包一個水餃是在裡面多放一顆花生的，吃到的人就會有獎品或者帶來好運，這種傳統，延續到我們在眷村過年的時候，從 1 號到 1007 號每一戶都會煮水餃啊，全家一起包水餃，一起吃自己包的水餃，這就是那個時候的生活啊！」（C6）

C6 表明不同的部隊性質，家庭飲食也會有所不同：建國一村是空軍飛行員家庭，生活較富裕，家中由傭人做飯；建國八村是空軍修護大隊的眷村，有很多四川籍的眷村媽媽，口味上也會以四川味居多；黑貓中隊居住的凌雲二村，多半在部隊搭伙，吃的就是部隊飯；而陸光二村的居民家庭狀況不一，通常家中的飲食表現節省、不浪費。他同時也說明很多的眷村家庭在農曆年節都包水餃、吃餃子的原因是延續在部隊的習慣，所以很多眷村家庭不論來自哪個省份都在過年時都吃水餃，這也顯示部隊的飲食對眷村的家庭飲食也或多或少造成影響。

換言之，眷村的人口組成雖然多半來自各個省份，但仍有可能依軍種的不同而有部分省份人口較多的情形，使得口味上偏重某些省份；也有可能會因部隊的型態、在軍中的階級或職位，使得家庭的飲食狀況或內容不同於大部分的眷村家庭，但這樣的情形並不多見。

不能否認的是，部隊的飲食的確對一些眷村家庭產生影響，但普遍而言，仍以簡單、就地取材、不浪費為原則。

3.4 　　口味的轉化

　　在前面兩小節中，我們討論了日常與非常的眷村菜，但是，眷村菜究竟吃起來是什麼味道？一直以來都是一樣的嗎？

　　先前我們提到眷村菜有許多涼拌菜、紅燒菜，主要是因為眷村的家庭經濟普遍拮据，生活並不富裕，「下飯」是眷村菜一個很重要的特點，不過，眷村菜隨著時間軸的前進，許多人印象中很麻、很辣、很鹹或是味道很重的眷村菜，受到許多外在因素的影響而有了口味上的轉變，這些轉變沒有好或不好，只是與時俱進；也許仔細回想，不只眷村菜，許多佳餚也與過去口味有些差異，甚至國人接受度很廣的各種異國料理亦同。

　　接下來，我們來看看眷村菜的口味有哪些原因造成改變呢？

婚姻所造成的口味轉化

　　「剛開始會偏重在媽媽自己習慣的味道，但是大部分慢慢會改成眷村伯伯習慣的味道，不過，像本省人做的米糕啊、油飯這一類的就不會改，因為這個她原本就會做，可是平常家裡吃的菜，她煮的菜老公一定會說味道要如

何，她就會改。」（C2）

「因為我們有很多軍人在這邊娶妻生子，娶的是本省人，娶的是客家人，甚至娶了原住民，所以說他們這些飲食文化也會帶進來，如果眷村媽媽是本省人，她做的菜就會有點接近本省的味道。」（C4）

「這些外省伯伯當初他就是單身，來這邊娶的全部都是在地的女孩子，所以我們不能認定眷村菜說它就是外省菜，可是融合是一定有的啦，因為這些媽媽怎麼做出先生喜歡吃的菜，進而先生再把他的家鄉菜教給他的太太，然後融合出另外一種風味的眷村菜，這兩者應該不等同，很接近但是不等同。不過隨著時間變化，慢慢地像原住民的組成也越來越多，接著，榮民榮眷裡也包含一些外籍配偶，外籍配偶在我們這邊也占蠻多數的。」（C5）

「大部分是迎合先生，先生喜歡吃辣，這一家子幾乎都是辣，這盤菜就是老公的口味，……我爸爸16歲就在部隊裡面了，家鄉什麼味道他都不曉得啊，他只知道部隊的味道，……大部分是我講的這一種，自己創的、自己慢慢研究的，這些鹹淡是自己去試出來的，老公說好就好，老公吃完老公好以後，小孩子全都好了啊，酸甜苦辣全部都是老公的意思，全部都是自己舌

間上來決定的啊！」（C6）

「過年過節的時候，我們會去做一些家鄉菜，像一些老榮民也許對吃的比較講究，他會把小時候媽媽吃的東西引進來，他就會教太太怎麼做，然後太太再去研發，比如說我先生江蘇人，是做獅子頭，他告訴我這怎麼做，之後就會慢慢去想這怎麼做才會嫩，試到又嫩又香又有大陸的味道，就成功了。我會努力朝他家鄉味的方向去做，也會跟先生討論這個味道是不是他喜歡他習慣的味道，不過有些媽媽他們做的不一樣，比方說先生是哪一個地方的人，他就會做那一個地方的菜，因爲嫁過來之後是以先生的口味爲主，像我先生會弄菜，他自己也喜歡煮，那我就跟著吃啊。」（C7）

「這些媽媽們也會按照外省伯伯的口感去做他們喜歡的料理，結合到她們本身喜歡的臺灣傳統菜色裡面，所以有點融合。……這些老兵當初跟著部隊來到臺灣，其實也才 17、18 歲，只記得他們家鄉的一些菜，娶了我們本省的媽媽，不管閩南、客家，我們這邊是客家媽媽比較多，這些客家媽媽吃的就是他們小時候客家做菜料理的方式，她們結婚以後就會把它們綜合在一起。……其實那個年代來講的話是媽媽煮什麼爸爸就吃。」（C8）

「我嬸嬸本身是本省人，她燒的菜多少有一點臺灣菜的味道，可能受我叔叔影響太多，所以麵食她也做蠻多的。……先生的繼父是湖南人，很重視吃，婆婆是浙江人，所以很會做江浙菜，可能因為繼父很愛吃，婆婆多少也有跟他學，融會貫通。」（C11）

「我會把客家菜帶到眷村家裡和家人分享，不過會想要改良一下，比如把我們客家菜的客家小炒加重口味，讓它辣或是麻一點。……結婚前是做家常菜、客家菜這些，嫁到眷村之後我的口味就慢慢比較偏向外省的口味。」（C12）

「融合」是眷村菜最重要的一個表現因子，在眷村家庭中因聯姻關係，不同省籍的人透過婚姻制度共組家庭，在家庭裡，夫妻之間的飲食口味因而產生變化。

C2、C5、C6、C7、C8、C11、C12 都如出一轍的提到眷村媽媽會迎合先生做出丈夫喜歡的口味，或者受丈夫的影響改變原有的飲食習慣；如C5、C7 和 C8 都提及眷村媽媽會特別製作眷村爸爸喜歡的家鄉菜或家鄉口

味，也許原先不會做丈夫的家鄉菜的眷村媽媽，也會與丈夫討論、學習，以及不斷的研究和改進，最終做出眷村爸爸喜愛的家鄉菜。除了菜色、口味，C3 和 C11 都說明原本不會做麵食的本省媽媽，因為嫁到眷村後，丈夫喜愛麵食，所以也學著做很多的麵食麵點。此外，C6 主張眷村爸爸的家鄉味不見得是出生或成長的故鄉口味，反而是長久以來生活在軍營的部隊飯味道。C5 特別說明，他居住的區域在眷村的周邊，居民多半是榮民榮眷，但隨著時間演變，榮眷的組成族群越來越多元，除了閩、客，也有不少原住民和外籍配偶，飲食口味自然也更為豐富。

在眷村的家庭飲食裡，雖然大多是迎合眷村爸爸的口味為主，但不代表眷村裡清一色全是外省口味或外省菜，有些眷村媽媽依舊會保留自己從小習慣的本省料理和口味，或將原本的口味融入外省菜做結合，如 C2 說明眷村媽媽所做的米糕、油飯仍是臺式口味；C8 提到客家媽媽會以客家做菜的方式，依照眷村爸爸喜愛的口感做料理；C12 也表示自己在家中會做客家小炒，但會把口味加重。或許因為眷村媽媽久而久之習慣以眷村爸爸的口味為優先考量，所以 C7 和 C12 一致認為嫁到眷村後，自身的口味已經漸漸變異，

原本習以為常的本省口味反而趨淡了。

在眷村裡，似乎媽媽都以爸爸的口味為第一優先，因而強調外省為主的重口味，但，媽媽為本省人的眷村第二代[1] 也是如此嗎？

「因為母親會的手藝本來就很多，所以她可能會沿襲她舊有的一些料理方式，吃的大部分還是以媽媽料理的一些客家口味為最主要。還是會有幾個喜歡吃的外省菜，可是並不會說全然的喜歡，還是會比較偏重南部習慣的口味。因為小時候住屏東，那是一個從小根深蒂固的口味，可是來到這邊接受一些新的東西後，我還是會從中挑出自己比較喜歡吃的一些外省口味，這跟在屏東是不太一樣的。我來這邊應該影響最多是麵食，以前很討厭吃麵的，可是現在反而還蠻喜歡吃，很能接受牛肉麵。」（C5）

「我比較偏重閩南菜，像我們不吃辣啊，最不像外省人的就是我啊，他們都喜歡吃麻的、辣的，弄一些醬菜、弄一些泡菜，那些我都不喜歡吃，我

---

[1] 本書中所稱的眷村第二代是指生活在眷村，是土生土長的臺灣人，但至少父親或母親的其中一方是在中國大陸出生；或者在大陸出生，但從小就生活在眷村，在臺灣成長的眷村居民。

就喜歡吃我媽媽煮的焢肉、豬腳啊，我喜歡吃這種比較臺式的，我幾乎不吃麵食的。……像我媽煮的紅燒魚、弄的炒豆芽菜、三杯雞，我都很懷念，這些都沒有一樣是外省菜啊！」（C6）

「媽媽煮的菜都很好吃，最喜歡紅燒肉吧，紅燒肉也是屬於臺菜的一種；涼拌豆腐，我們是豆腐加花生加香菜，所以說眷村飲食文化是很多客家人跟閩南人的菜的綜合，……從小就媽媽煮什麼菜，你就吃什麼菜，口味就那樣的口味。」（C8）

原本居住屏東的 C5，因家庭因素搬到桃園的眷村旁邊，飲食口味受到身為陸軍軍人的繼父影響，也喜愛吃四川菜，偏愛牛肉麵，但平常仍以媽媽的客家口味為主，並且特別眷戀母親家鄉的口味與特色小吃。C6 再三強調自己是閩南口味，一般人所說的外省口味以及麵食都不是他喜歡的料理。C8 認為母親的臺式客家料理才是他最熱愛的菜，所以他認為眷村飲食文化是客家、閩南等本省飲食與外省飲食的綜合。

可見，父親是外省人而母親是本省人的眷村二代，反而多半偏重母親的

家鄉口味，推測可能是母親在做菜時，雖然盡量迎合父親口味，但仍脫離不了自身原有的料理習慣緣故。

眷村家庭的飲食口味就儼如 C5 所述，不能單純地就把眷村菜認定為外省菜，因為眷村的爸爸媽媽會經由雙方之間口味的融合而出現新風味的眷村菜。不過，這種「融合」的情形，不只是在婚姻制度中因聯姻而產生飲食的融合，還有更大的一部分是來自於眷村街坊鄰居之間的飲食交流所產生的口味變異。

受街頭巷尾影響的多元口味

「我記得那時候，鄰居做了什麼送來我們家，還盤子時，我媽一定會做一盤菜還過去，她不會空盤子還回去，所以大家會交流；像我們隔壁有一個李媽媽是浙江人，她做些什麼菜，我爸爸就會去學著做，做得非常好；還有一個邵媽媽，印象裡，我沒有吃過比她做的包子還好吃的，邵媽媽也是沒事就包個包子送過來，還有水餃喔，我媽媽就會做一盤菜送過去。」（C1）

「以前的眷村喔，他們都沒有隔閡的，你今天做什麼，他會拿來給你品

嚐，所以就會產生交流，以前的交流非常地頻繁，他們家做什麼，會拿來讓你嚐看看，有時候也會請教你哪裡做的不對，可能他們家今天做了包子就拿來給你吃，做的什麼都會交流。」（C2）

「早期眷村感情和睦，每一個家庭炒的菜色不一，你家做水餃、我家吃麵條、她家做滷菜，大家都會互相邀請嚐鮮。我們有時候眷村聚會，做的菜也都會互相交流，互相品嚐，那時候會發現某某人的媽媽做的香腸特別好吃，他做的臘肉比較有味道，媽媽們也會互相品嚐。來自大陸不同的省份的人，一起來到岡山的眷村以後，大家對於烹調的口味大不相同，進而經過多少年來大家互相切磋、改進、交流，就會開發出各種的菜色。」（C3）

「眷村就是人情味很夠，譬如說，今天我們家做饅頭，我們家絕對不會說饅頭只有我們自己家吃，都會分給左右鄰居，會主動給，那小孩子比較不懂事，一看到你家做饅頭就會到你家來玩，來玩的意思就是我也要吃饅頭，大人看到小孩子來了，也不會小氣，就給，別人到我家如此，我到別人家也是如此。」（C4）

「小時候其實鄰居跟鄰居，隔壁跟隔壁都很親，鄰居跟鄰居他們會互相

到隔壁家吃飯。」（C6）

「他會做這個麵食，他會做那個麵食，然後我們就做一個美食的交流，比如說今天這家媽媽蒸了饅頭，就分送給所有的鄰居，他做了水餃，就分送給我這樣，這個就叫竹籬笆的味道，蠻濃厚的，但是你會很懷念啊！」（C7）

「滷牛腱，就分給大家一些，覺得很好吃的人就問你怎麼滷的啊，做得不好的時候就討論，就這樣子交流，所以這些眷村媽媽到晚年還能下廚的時候，幾乎每個人的廚藝都很好。」（C9）

「家庭環境不好的，他這一家小孩子多或什麼的話，可能他父母炒一兩樣菜，炒一個蛋炒飯或什麼，吆喝一下左鄰右舍，就什麼都好吃了，這是眷村的特性，你很常到鄰居家吃飯，也會有鄰居來我家吃飯。」（C10）

「我是偶爾會在他們每一家吃到一些與我們分享的菜，比如到他們家分一個饅頭；聽說他們有誰過生日，就會切一塊蛋糕過來，還有長壽麵，一家分一份。」（C11）

　　眷村裡的感情和睦，情感上相互扶持、人情味濃厚，人與人之間的交流頻繁，C7 把它稱為「竹籬笆的味道」，這種竹籬笆的味道最常見的就是眷村各家各戶之間的飲食交流，受訪者幾乎清一色的提到眷村裡的飲食交流，包含小孩互相到鄰居家中吃飯、與隔壁鄰居交換菜色、相互品嚐等都是常見的情形，吃到好吃的菜就會請教對方做法，並自己試著研究，以琢磨出味道相似的菜餚，久了以後，這樣的飲食平行流動，造成眷村裡的口味融合，而且眷村媽媽們都有一手好廚藝。

　　不僅是飲食交流後的自行嘗試製作與研究，眷村媽媽的好廚藝還來自向街坊鄰居的學習。

　　「我們上一輩的老人家，以前是年輕人，我們的父母親，他們都帶來家鄉烹調的手藝，但是互相研究、互相交流，都學會了。也有些很年輕就出來的，不見得會做菜，他們就跟著會的學，也就都學會了。」（C3）

　　「因為這裡都去領了麵粉，不曉得這麵粉怎麼做，就看別人怎麼做，左右鄰居會教，從最簡單的開始做，那我們就當白老鼠，也就這樣子跟著吃，

那時候都覺得很好吃。像我媽媽也是到臺灣才學會的，跟鄰居他們學，在我們家鄉那邊也沒有做香腸臘肉的，也沒有這些。」（C4）

「就是以前的人會教嘛，大家就互相學，沒有什麼老師，就是互相學，跟誰學呢？就跟隔壁的奶奶，跟她學做臘肉，她教她，就這樣子。」（C6）

「像我那個時候還屬於比較年輕的，跟早期的這些媽媽們大概有相差到十歲左右，所以有時候我會跟他們學，我們都會相互的交流，相互的研究，香腸和臘肉就是跟左右鄰居學的。」（C7）

「香腸是媽媽做，我印象中臘肉我們也曾經做過，媽媽就會去跟鄰居學。」（C8）

「媽媽也是跟其他眷村的人請教啊，飯怎麼煮啊？我都會煮糊啊！其他人就告訴他，然後再自己修正調整，之後就煮得很好。」（C9）

「雖然我們是浙江人，但是鄰居媽媽們教我太太做四川麻辣香腸和豆腐香腸，還有湖南臘肉。」（C10）

「我們村子裡面有一個老太太，福州人，那時候有一個隊長，他是北方人，他做餅，她就學著做餅、做饅頭；後來改變了習慣，一天到晚做餅來給

我吃啊！」（C13）

　　如前幾段訪談的對話內容，經由學習，很多眷村媽媽在鄰居的教導下，許多原本不會做的麵食、香腸、臘肉等食物，也都會跟著如法炮製，待技術熟稔之後再自行改良，調整口味，尤其在全村耳濡目染的情形下，幾乎所有的眷村媽媽們都會各式各樣的料理。

　　無論是婚姻關係所產生的家庭成員的口味調整，還是眷村裡與來自大江南北各個省份的鄰居們的飲食交流、相互學習，1949 年的大遷徙，的確造成許多眷村居民因生活環境變遷，導致飲食習慣產生變異，如接受更多樣化的菜色與食物、調整自己的口味或接納更多元的口味；只不過隨著環境的變遷，對眷村第二代的居民而言，味道的轉化已不再是因戰亂而造成的流離變動，還包含整個大時代的環境轉變所造成的食材變化，以及口味調整。

隨著時代演進所帶動的口味轉化

　　「這到第二代就有改變，因為你以前的鹹就慢慢會改，像以前我在做正統的麻辣雞，花椒跟薑、辣椒，一個麻一個辣，花椒是麻，薑是很辣的喔，

再加一點辣椒，麻辣以前其實就是這樣而已，那麼現在我把它改成酸甜酸甜，但是我們的酸不是醋，現在把它全部改為檸檬、果酸，現在會注意自己的身體跟時代的變遷，所以會有改變。」（C2）

「現在不會醃鹹魚，因為小孩不會吃啊！後來家境改變，我們的環境慢慢變好，有些海鮮的魚，現在給小孩吃，他們都會嫌臭啊！」（C4）

「他的食材也是從這個市場來，這個市場怎麼可能有他以前的食材嘛，不可能啦，即使有，也只能用變化的方式，所以我強調你跟這邊的環境已經結合了，你所購置的配料、食材都必須要當地取得，我不可能為了一個椒麻跑到四川去，所以已經失去它原來的那種風味了。」（C6）

「我們的飲食要改變，思維也要改變，比如他明明是不能接受這樣的味道，但是在養生的大前提下，他必須改變於他的口味，所以你說這個食材要不要改？當它改變，就一定脫離原味；但是在它演變的過程中要考量到：第一，不失原味的精神；第二，不失原味的特色；第三，不失原味的味道；味道要有，但是不要那麼濃郁，要以養生作為食材的考量。舉個例子，做麻婆豆腐，它辣並且有很多食材，那把油減少了，辣也少了，但是取而代之的是

健康，口味有，但是沒有那麼濃，沒有那麼多油，這是一個新的料理方式，是在改變過程中必須要做到的，所以我們最主要考量的，就是健康，我們要吃那個精神，要吃那個口味，但是我們不要吃掉它對我們身體的傷害。」（C9）

「就算你是住眷村的人，年紀大了，你也會說，哎唷，我不要吃太鹹，也不要吃太油！也是有這種問題，有的又是怕血壓高，又是怕什麼的。」（C10）

「飲食習慣會變的，像香腸臘肉現在也很少吃了，而且口味也在變，沒有那麼鹹了，所以眷村的飲食文化已經開始在變了，那會變成什麼，會變得更符合大眾，就不是你家的菜了，是大家喜歡的菜了，譬如說，我自己吃東西吃很辣，如果用我的口味來做，你一定吃不下，我覺得眷村菜也會變成大家的口味，這樣一來，我們的飲食文化會更豐富。」（C13）

由以上節錄的幾段訪談中可得知，許多過去使用的食材已經改變，可運用的食材種類增加而且等級提升，也有些食材因為可選擇性多，反而捨棄

了，不見得再被接受，如醃鹹魚。

眷村菜最需要的是就地取材，使用在地食材，所以 C6 認為很難做出正統省籍菜的原味，然而相對地，這也造就也眷村菜異於省籍菜的不同之處，反而成為眷村菜的主要特色之一。

另一個部分是，隨著時空轉變，現代人注重養生，原本在眷村裡吃的重口味，會考量到身體的負荷，而在口味上做調整，如少鹽、少辣、少油、用天然水果調味等。C9 說明這種為了養生而做的口味調整雖然會與原味脫節，但他仍認為不失眷村菜的精神。

隨著時代改變，飲食觀念也會跟著調整，因此，我們強調，只要做出來的菜不失眷村菜原本的內涵、特質，就是眷村菜，而且這樣的口味轉化會更符合大眾需求，提高大眾對眷村菜的接受度。

《延伸閱讀》商品化的眷村菜

提到口味的轉化，我們不得不提「商品化的眷村菜」。在本書中，有幾位眷村菜餐廳業者參與了焦點團體和深度訪談。

口味不同嗎？食材不同嗎？

首先，我們先來看看眷村菜餐廳裡的眷村菜和眷村家庭吃的眷村菜是否不同？

「我拿我們餐廳研發的菜回家做給我媽媽吃，我媽媽就說這個有點甜，這個怎樣，我說媽，現在的人就要吃這個味道。」（A1）

「我外婆和我奶奶他們吃的很辣，我們自己在家做的也是比較辣，現在做生意沒有調得很麻辣，但我們自己家裡面吃的就會比這裡的麻辣許多。」（B2）

「餐廳裡最主要的油是沙拉油和橄欖油，我們的餅在煎和烙的部份是用橄欖油，她們以前不會用這種東西，我們就會去把它帶進來用，稍微去做一點創新的改變，比較符合現在市場上面可能的需求。……過貓沙拉捲餅應該只有我們有，我們稍微走一點算是健康輕食的東西，就是可能不要大肉，不要牛肉、豬肉這麼多。」（B3）

「我通常在規劃菜單時，都會把以前所謂的眷村菜做一個很大的改變，好比說夫妻肺片，很多眷村菜都是用一些牛雜，但是現在的人很難接受內臟這些東西，所以我可能就是用牛腱、牛肚，但是我還是叫夫妻肺片，還有很多其

他的菜餚也都改良了，其實它可能會改變菜的菁華或精神，像現在醬汁口味上的一些差異，不再像之前那種；又比如蒜泥白肉，我可能會用松阪肉之類的，一個食材上的變化。」（B4）

　　雖然眷村菜餐廳業者販售的菜色內容主打眷村菜，但 A1、B2、B3、B4 都提到餐廳內所推出的菜色在口味、食材或呈現的樣貌上，很多都因為要迎合現代人的需求而做過改良，即便餐廳內所販售的菜色多和小時候家裡吃的或是在眷村裡吃的菜色相同，不過也有業者特別提及規劃菜單時會有許多不同的考量，尤其為了迎合消費者，口味上會做些調整；或是為了現代人的養生健康，特別著重食材，如強調使用的油品、提升使用的材料等，會依顧客的喜好作改變，成為新的創意料理。也就是眷村菜在商品化的過程中，為了迎合顧客的口味與喜好，或是隨著時代觀念的轉變，調整使用的油品與食材，將菜色做成大眾喜愛的滋味，用料、擺盤可能也日漸精緻化或趨於講究，改變了眷村菜原有的味道與樣貌。

　　有餐廳業者表示會擔心顧客無法接受太過於家常或是看起來不起眼的菜色，這樣的菜色都無法直接放入菜單中，B4 就強調太家常的菜色，若非曾經住過眷村，很多傳統常見的眷村菜無法讓一般顧客認同，她主張對於沒有眷村生活經驗的民眾，眷村菜是很難憑空想像的，而需要有故事來鋪陳出菜色的背景與特色。

「像蔥燒鯽魚，鯽魚是讓它連骨頭都酥的，這道菜看起來黑黑呼呼的，在我們這一代，根本不會有人主動去點，就算點了也不會想去吃它，為什麼？因為第一個它賣相就不好看嘛，然後第二個，我要嘛吃魚要嘛吃肉，這個到底是在吃什麼？吃骨頭？其實眷村菜是很家常到不行的東西，可是客人來到餐廳的時候，如果不能有一個故事敘述它，或者沒有告訴客人為什麼這樣做菜的話，他可能會覺得你怎麼會賣這種東西，他會覺得你怎麼把這麼簡單不過的東西放在桌面上賣給消費者，他會無法接受，像十香如意菜，或者烤麩，在眷村裡面大家遠遠一看就知道這些是什麼，但沒有住過眷村的人他無法想像，就更不能懂你為什麼會賣這些東西？他會覺得十香如意菜是便當菜，你怎麼會把它變成一道在餐廳裡賣的菜？然後，烤麩是什麼，你店裡怎麼會賣麵筋？」（B4）

圖 3.10　吃冷不吃熱，賣相不佳的蔥燒鯽魚。

懷舊的眷村菜

　　然而，眷村拆遷後，一般大眾對於要認識或品味眷村菜只能透過眷村菜餐廳；但是，令人納悶的是，沒有了眷村的環境，眷村菜餐廳要如何特別突顯餐廳的經營是以「眷村菜」為主軸的調性呢？除了餐廳菜餚本身要能顯現出具有融合性的表現外，強調「懷舊」可說是眷村菜餐廳另一個所要呈現的重要特質。

　　「我女兒她們在眷村裡長大，第三代，她們會三不五時去吃這個菜的，也是懷舊。」（A1）

　　「他們就是懷念以前的菜，指名黃魚燒豆腐、炒豆乾什麼的。現在的總司令，從小就是由他哥哥帶大的，他哥哥八十幾歲了，燒這些家常菜讓他很懷念，其實眷村菜就是小時候的一些懷念。」（A10）

　　「上次就有一個爺爺，九十幾歲了，站在總統蔣公的遺像前面唱軍歌，我覺得那種感覺喔，我們可能沒有辦法像你們做那麼好吃的眷村菜，但我們賣的是一個氛圍，是一個記憶跟感覺。」（A11）

　　眷村菜所引領的「懷舊」風潮成了一種感懷，回味過去的味道，再透過味道的反覆咀嚼，追憶過去的逝水年華，將記憶帶回青春美好的年代，這樣的一段品嚐眷村菜的過程，讓吃眷村菜也許多了一種「醉翁之意不在酒」的更深層次，也成為眷村菜吸引饕客們追隨的其中一個主因；由於眷村菜未必道道都

是佳餚美饌，反倒是能沉浸在眷村菜的品味中，再次回憶生命中曾經發生過的生活樂趣，有受訪者認為這就是眷村菜所要表達的另一種文化內涵。

「剛剛有一道菜是黃豆燉牛肉，老實說我第一次吃到這一道菜，後來聽主秘說他很懷念這一道菜，為什麼？因為他中學的時候常從同學的便當裡面拿出來吃，所以他還打算把它打包回去，我覺得這就是文化所在。」（A3）

由於懷舊牽引回憶，使得眷村菜有著一種使人感動的魅力，讓食客在吃下眷村菜的同時，許多塵封多年的歷歷往事在腦海浮現，成為眷村菜所要表現的更深一層文化意義。

C13 就說明如何分辨眷村菜餐廳與一般中餐廳的差異：

「我到一家餐館去吃東西的時候，因為透過味蕾而回想到家的情境，除了自己家以外，我可能會回想到還有隔壁好幾家，是親戚家，是鄰居家，我認為那就是眷村菜。」（C13）

深度訪談中的媒體記者受訪者 D2 有段話呼應了類似的想法：

「眷村菜就是要有在眷村裡面的那個味道，你叫我去吃某道菜，可能已經跟我小時候的味道不一樣，沒有我小時候吃飯的那個感覺，沒有那個環境就不是眷村的東西；這真的就是要有那個畫面、那個氛圍，你就會覺得它是眷村的啊，要不然如果你沒有那個畫面、那個氛圍，你沒有那個印象中的味道的話，你叫現在的小朋友去吃酒釀蝦，他們會說『啊，不就是蝦子嗎？』」（D2）

圖 3.11　對於不曾住過眷村的人來說，「酒釀蝦」也許就只是一道蝦子料理。

　　也就是說，「懷舊」是眷村菜所表現出的另一種特質，這種特質需要有氛圍營造，當缺少眷村氛圍的時候，眷村菜的懷舊特質就無法展現，這也回應了眷村菜餐廳業者 B4 的看法，B4 認為對於沒有眷村生活經驗者很難憑空想像眷村菜，這點與媒體記者 D2 對眷村菜的擔憂接近，D2 認為要曾經歷過眷村的生活，並且有環境和氛圍的營造，眷村菜才得以被實質的呈現，才能清楚辨別眷村菜的特色，才會在吃到眷村菜的時候有「這就是眷村的味道」的讚嘆。

　　具有懷舊特質的眷村菜，同時呼應了我們在第二單元中眷村菜的形成這一小結裡所提到的，眷村菜需要有串門子的氛圍，具有共食共享、相互交流的精神。

然而，要怎麼讓顧客感受到他吃的是眷村菜，且能夠清楚感受到眷村菜餐廳吃飯和到一般的餐館、麵館不同呢？除了 B4 提出要有故事來為眷村菜做鋪陳，還有其他方式嗎？

「我們就是完全像自己在做眷村菜，就是以一個家庭主婦去做這個菜，比如說像青菜，客人說好好吃再來，我們絕不會說不，很多東西我們就是以一個媽媽的心理在做菜，不會說今天有特別的什麼不夠吃啊，或是怎麼樣，絕對不會。」（B1）

「我們這邊走的就是家常菜的路線，……大餐館我去那邊吃我就是要吃工夫菜，就是吃他們拿手的菜，來我們這個地方，我覺得就是輕鬆，不需要吃特別的大魚大肉，就是很舒服的、家常的，可是這種家常可能跟你們自己在家裡的家常又不太一樣，就是我們這邊吃的家常菜，可能不是你們常常在家裡吃到的那個家常菜，譬如像我們比較不一樣的菜，比如說酒釀蝦、紅麴雞。」（B2）

「店的風格是以眷村主題餐廳的型態表現，當然是不一樣。」（B4）

「我們要做到讓客人覺得就是在家吃飯的感覺，這是我們一直想要做到的，就是客人來就好像是回到家吃飯的感覺，而不是去上餐館的感覺。我覺得特色應該就是盡量把我們的菜拉回眷村最傳統的口味吧。」（B5）

B1 表達自己是以家庭主婦、媽媽在做菜的心情經營餐廳；B2 強調自家經營的餐廳是提供客人輕鬆、舒服的用餐環境，並且可以吃到家常眷村菜；B4

認為眷村菜主題餐廳就是店內最直接顯露的風格；B5 著重回家吃飯的感覺，並且提供傳統口味的眷村菜。很明顯地，B1、B2、B5 都以突顯「放鬆」、「回家」、「舒服」的特色，試圖營造輕鬆舒服的氛圍，讓客人有一個的地方可以好好的吃飯、聊天、休息，帶給客人一種回家吃飯的感覺，B4 與 B5 甚至將店內陳設裝潢成眷村的家庭樣貌，試圖重現「懷舊」的場景。眷村菜餐廳業者們為了打造「眷村菜」餐廳所精心塑造的各種氛圍都是為了讓顧客感受到一種「回到眷村裡吃飯」情境，這也與我們先前一再強調的眷村菜「家常」特色相契合。

圖 3.12　塑造一種懷舊氛圍、一種回家吃飯的溫馨感，是眷村菜餐廳所要呈現的特質之一。

重塑「回到眷村裡吃飯」的情境也許是商品化的眷村菜所要呈現的一種

意象，這其中代表的是，商品化的眷村菜想要強調的可能不在於眷村菜的味道本身，而是眷村菜背後所呈現的文化特質和一種過去的懷舊氛圍營造；然而，眷村菜商品化後是否能對眷村飲食或對眷村文化帶來更多正能量？眷村居民B13 就曾語重心長地表示：「眷村菜就是眷村生活，是眷村文化的一部分，商品化以後，將很容易與文化脫鉤」；換言之，當眷村的時空與環境不在以後，眷村菜仍可能因商品化而持續存在，但是，眷村菜真正所想要表現的是什麼？如果眷村菜就代表著眷村居民一種克勤克儉、胼手胝足的互助合作與共食分享精神，當眷村拆遷，找不到當初原有的生活空間──眷村，與人──眷村居民，眷村菜即使持續傳承，但最初所代表的文化價值可能會越來越薄弱，或許到最後會淪為只是增加菜色選擇的多樣性與豐富性的感嘆！

3.5　　融合的眷村菜

我們先前已提到，構成眷村菜的其中一個重要條件是當時眷村生活的特殊氛圍──一種串門子的氛圍，這所隱含的意義是飲食文化上的「融合」。由於眷村的形成有很特殊的歷史背景，而人口組成上又有來自大陸各省份及臺灣，因此，經由眷村媽媽們巷弄間的流動，將各家各戶的烹飪技藝與飲食口味學習後再作交融，可說是中國各菜系在臺灣的融合與延伸。

「每年冬至過後，建國四村的媽媽們開始忙著醃製年貨，準備過農曆年，來自不同省份的眷村媽媽們，曬芥菜、醃臘肉、灌香腸、做醬瓜，忙得不可開交……家鄉菜做好了以後，左鄰右舍互相餽贈拿手菜，除夕夜那晚，全家享用的年夜飯桌上，各種不同風味的家鄉菜上桌……。」[2]

眷村常見某戶做了拿手菜色後端給左鄰右舍一同品嚐的情形。更特別的是，過年依習俗要包粽子、灌香腸、做臘肉、炸巧果，做好就分送左右鄰居，鄰居要是也做了好吃的食物，同樣地，也會互相分享；有些省份的習俗和一般不同，如山東人過年要吃包子，做好包子會分給左右鄰居；而且眷村的左右鄰居常會幫忙照應，有時這家的媽媽不在家，小孩就到隔壁家去吃飯，隔天又有哪戶的孩子到誰家去吃飯的情形，這在眷村都是很常見的事。可見眷村雖然生活清簡，但有濃厚的人情味，類似的食物交流，相當普遍地出現在許多眷村人的生活裡。

<hr>

[2]　節錄自楊長鎮、莊豐家主編，認識臺灣眷村（臺北市：民主進步黨，2006），129頁。

「媽媽從來自大江南北各地的鄰居身上學會了醃臘肉、灌香腸、蒸年糕、包粽子、包餃子、蒸饅頭、做包子、炸麻花等，各種餐點的製作，做菜的手藝更是一把罩──紅燒獅子頭、麻婆豆腐、螞蟻上樹、三杯雞、肴肉、釀豆腐……。」[3]

許多眷村媽媽都燒得一手好菜，而她們的好手藝都是跟眷村裡的鄰居們學來的，所以各式各樣的餐點都難不倒眷村媽媽們。不少眷村媽媽在未到臺灣前是個不曾進過廚房的姑娘；來到臺灣後，因生活的逼迫，她們只能做中學、學中做，若吃到鄰居端來分享的食物合自己的口味，就向鄰居學習或自己摸索，日漸地，廚藝越來越精進。

也就是說，來自中國各省的眷村居民，因為缺少與宗族、家族的感情連結，反而多了一種人在異鄉，與村子裡的鄰居們互相取暖、彼此照應的情感，使得眷村裡最不缺的就是人情味了。又，眷村居民的組成來自大江南北，眷村人情味顯現在日常生活中最常見的就是串門子，在串門子的過程中，飲食

---

[3] 節錄自賴臺生，〈「杜威」媽媽頂呱呱〉，從地圖消失─社團新村的故事，同註 54，P135。

相互交流，互相學習做菜方法與技巧，食材與口味也呈現「融合」的狀態，這點被許多受訪者接二連三地重複提及。換言之，一個來自江蘇的眷村媽媽使用湖南的臘肉、加入川味的麻辣，炒出一盤帶點甜卻又有帶點麻辣風味的空心菜蒜苗臘肉，著實會是眷村中可能出現的菜色；又如父親是雲南人，母親是臺灣人的陸光小館餐廳老闆，以獅子頭加入麻婆豆腐的做法，做出一道別出心裁卻又下飯的眷村味佳餚。

圖 3.13　以獅子頭佐麻婆豆腐的料理方式做出一道既不失獅子頭原有的鮮味，又有麻婆豆腐的香麻味的「乾燒獅子頭」，是陸光小館店裡的招牌菜，吃起來別有一番風味。

　　這種在眷村裡飲食「融合」的情形，不僅深受左鄰右舍情感交流的影響，也受到省籍聯姻的影響。

　　「它是融合大江南北各省菜系，所以我認爲它的範圍極廣，但輪廓模糊。你說北方菜是不是？是喔；你說閩南菜算不算？也算，我們家對面的老芋仔娶了個臺灣媽媽，她就把閩南菜帶進來了；你說眷村菜裡面有沒有臺菜？有，因爲以前有聯姻這件事情，除了外省菜，也有臺灣媳婦做出來的融合，所以當有種族跟各省融合的時候，我覺得它的範圍是廣的，可是輪廓是模糊的，因爲這個菜它好像是川菜，可是它又用湖南臘肉、四川豆瓣醬，所以就混在一起了，所以我說它是一個輪廓很模糊，但範圍非常廣的一個菜。」（A4）

　　來自大陸的軍人，娶了臺灣籍的本省女性，搬進眷村開始嶄新的婚姻生活；然而，不同省籍的兩個人飲食習慣與口味可能截然不同，因此相互的不斷調整，成了飲食生活上的必要，久而久之，飲食上產生「融合」的協調情形。可見透過飲食的交流與學習，眷村菜呈現「融合」的特質；眷村菜就是

一種透過飲食口味、料理方式與食材等，不斷交流、交換、調整與創新所產生的一種別具「融合性」的料理。

「融合」也成了所有受訪者一致認同眷村菜與各大菜系的特色菜或省籍菜的最大差異之處，融合的產生是由於群聚生活、飲食共享、聯姻等因素，造成大江南北的飲食味覺聚集並創新的眷村菜；亦即眷村菜可能有外省菜的味道，當中的外省是指除了臺灣之外的各個省份，但也融入了臺灣味，而且使用的是臺灣的在地食材，實質上已與正統的菜系菜餚不同。眷村菜的「融合」要件，也成了區辨眷村菜與外省菜最明顯的差別。

《延伸閱讀》眷村菜是一個菜系嗎？

就菜系的基本內涵來看，菜系的形成與悠久的歷史、傳統的烹飪技藝以及當地的地理條件、自然環境和氣候有直接的關係，反觀眷村菜的形成時間至今不過一甲子，也沒有明顯的烹飪技藝，何況最基本的地理條件——眷村，已經面臨拆遷殆盡的窘境，所以，我們認為，如果要說眷村菜是一個菜系，未免過於牽強，反而 A5 所提出的觀點更契合眷村菜的核心：

「大家在研究飲食文化的時候講到 fusion 就是融合，眷村菜其實非常具有這樣的特色，不管是從大陸各地或是臺灣本地，它們融合的色彩都非常明顯，它不是特別用哪一省的菜色，而且使用的都還是臺灣當地的食材；這就有點像生物學講的臺灣特有種，當它移到臺灣來的時候，它已經變成臺灣特有的一種飲食文化了，它和其他地方或是和臺灣傳統的料理其實不太一樣。」（A5）

眷村菜這種具有特殊性的「融合」菜餚，雖然未具有構成菜系所需的悠久歷史、地理環境、氣候條件與明顯的烹飪技藝等條件，但眷村菜明顯的融合性，使之與各個菜系之間又有所區別，既融合各個菜系與本土臺灣味，還使用了臺灣的在地食材，呈現「在地化」的樣貌，可說是「臺灣飲食界的特有種」。

我們相信，或許眷村菜在未來的發展還是個未知數，但它確確實實都已在臺灣的飲食文化史上寫下一頁。

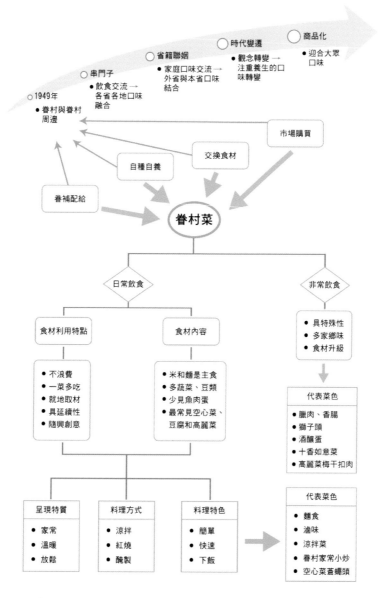

圖 3-14　眷村菜發展脈絡圖（資料來源：作者整理）

二十四節氣食物

十一月 立冬｜小雪 甘藷 番茄 楊桃 山藥	十二月 大雪｜冬至 芋頭 旗魚 櫻花蝦	一月 小寒｜大寒 大白菜 萵苣 柑橘	二月 立春｜雨水 白蘿蔔 孟宗筍 芥菜 鮪魚
三月 驚蟄｜春分 鳳梨 韭菜 土芒果	四月 清明｜穀雨 牛蒡 蘆筍 香蕉	五月 立夏｜小滿 桃子 瓠瓜 愛文芒果	六月 芒種｜夏至 秋葵 淡菜 小卷 蘆筍
七月 小暑｜大暑 西瓜 芹菜 蓮藕 荔枝	八月 立秋｜處暑 梨子 絲瓜 蝦 金針	九月 白露｜秋分 文旦柚 木瓜 高麗菜	十月 寒露｜霜降 甜椒 碗豆 柳丁 鯧魚

手做眷村味

CHAPTER 4

如同在前一單元所介紹，眷村菜具備多樣特色，如便宜、隨興、家常、就地取材、食材不浪費等，最主要的是具有「融合」的內涵；經過一甲子的時間變革，許多眷村菜已成為家喻戶曉的美味佳餚。

在這個單元裡，我們透過深度訪談幾位受訪者親身經歷的有趣小故事來介紹幾道常見的眷村菜，其中，有眷補配給的延伸菜餚，有一菜多吃、具有延續性和隨興下飯的眷村菜，也有醃製菜所變化的好味道，以及在地化的眷村家鄉味。除此之外，還特別加入幾道也受眷村居民歡迎的道地臺菜——三杯雞、獨具創意的豆腐三色蛋香腸、運用在地食材作變化的黃金茄盒子、拔絲地瓜。

由於眷村菜多半具有隨興的特質，口味也多已融合，因而呈現多元的樣貌，所以在本單元中，我們想著重的是這些菜餚的背景與故事，讓讀者能感受到眷村菜的溫度與情感，並強調所有的做法僅供參考；因為眷村菜的家常特質，讓這些菜餚沒有標準做法，只有建議做法，許多菜餚的調味就如同眷村媽媽放鹽、倒醬油一樣，是相當隨意的；在這裡，我們所提供的各道眷村菜食譜，是由作者謝旭初老師提供，其中有多道的調味都以「適量」的方式

呈現，有興趣的讀者不妨試著動手做做看，味道上可依自己喜歡的口味作調整，並結合自己的創意，做出一桌屬於自己的眷村菜喔！

4.1　眷補配給的延伸菜餚

4.1.1　麵粉類

用麵點串起的母子情

坐在剛從熱滾滾的鍋裡撈起的一大盤水餃前，阿凱遞了筷子給我們，嘴裡喊著：「快，趁熱吃，趁熱吃，餃子就是要趁熱才好吃！」他夾起了盤中一顆圓嘟嘟的餃子，咬下一口，裡面的湯汁順著餃子皮流到了下巴，阿凱抽了張面紙隨意的擦擦嘴，笑了笑說：「水餃就是要像這樣，飽滿、多汁！」並聊起了他當初決定開麵點餐廳的故事。

「有一年吃年夜飯時，媽媽突然提到自己的好手藝沒人傳承，自己也覺得似乎有點感嘆，如果媽媽的好手藝沒有留下來，那以後去哪兒吃那麼好吃的菜呢？光想到這點，我就覺得自己應該要有把媽媽的眷村菜保留下來的使命感。」阿凱陳述這段話時，眼中滿是驕傲，他的驕傲就來自向媽媽學到的一手好工夫。

阿凱的媽媽是河北人，有很多拿手菜，其中，阿凱認為母親對麵食、麵點的拿捏有她獨到的工夫，也是他決心要習得並傳承的。第一次面對白花花的麵粉，阿凱不得不承認，他的確是對這如小山般高的白色粉末一竅不通，連怎麼桿水餃皮，對他來說都是未曾經驗的事；然而，這些難不倒決定苦心學習的阿凱，從桿餃子皮到製作餃子餡，從分不清楚冷麵、燙麵，到現在餡餅、蔥油餅、炒餅……，每道麵點都難不倒阿凱，他不但都能獨立完成，且在阿凱的麵點裡總能吃到阿凱母親愛的味道。

　　承襲了母親的好手藝，阿凱開了間麵點餐廳，凡是母親曾做過的，記憶中曾吃過，每一樣麵點料理他都以筆記方式一點一滴留下紀錄，並且一而再，再而三地反覆練習製作；阿凱知道，這是母親對於一個兒子的愛與用心，也唯有把母親的麵點工夫傳承下來，母親才不會留有遺憾。去年，阿凱的媽媽離開這個世界，但阿凱沒有哭，因為他心裡明白，他的母親正為他努力把麵點發揚光大而感到無比的光榮與自豪。

　　我一顆接著一顆吃著盤中的水餃，心想這滋味鮮甜的高麗菜水餃，就是阿凱與母親之間最溫柔的情感連結吧。

四喜蒸餃

　　早期眷村的眷補裡有配給麵粉，許多家庭會將麵粉拿來製作許多麵食，由於麵粉可做的麵食變化多樣，所以深受眷村媽媽的喜愛；除此之外，許多原居於中國大陸北方的眷村居民，在大陸時就以麵為主食，吃麵食可說是他們最習慣的飲食生活。麵食日漸普及之後，許多山東伯伯所製作的饅頭、大餅等，也深受臺灣在地居民的喜愛。

　　四喜蒸餃因為看起來顏色鮮豔，十分討喜，常見於眷村年節聚會與宴客款待。

四喜蒸餃

材料		調味料	
絞肉	450 公克	鹽、胡椒粉、香油、	
蝦仁（吸去水分）	200 公克	太白粉、糖等	適量
水	60 公克	餃皮	
雞蛋	1 個	麵粉	550 公克
豌豆仁	50 公克	豬油	50 公克
新鮮木耳	50 公克	鹽	4 公克
蔥、薑	少許	沸水	260 公克

作法

1. 麵粉倒入盆中，加入 260 公克沸水（燙麵），略為拌勻後再加入鹽及豬油，攪拌至麵糰光滑。
2. 備料
   (1) 豌豆仁、木耳切細末；蝦仁也拍碎，稍微剁一下不必太細。
   (2) 剁好的蝦仁與絞肉、鹽先攪拌出筋，充分黏且有彈性（約攪拌 40 分鐘），再分兩次拌入水，最後拌入蔥花、薑末、香油拌勻成肉餡。
   (3) 雞蛋水煮至熟透，蛋白與蛋黃分開切碎（蛋黃用刀拍、壓再切）。
3. 麵糰分割成小塊桿成餃子皮→放上肉餡→將餃子以兩邊對角的方式捏合留下四個孔。
4. 四個孔填入四色餡料：蛋黃、蛋白、豌豆仁、木耳。
5. 蒸鍋水燒開，放上蒸籠，大火蒸 6 分鐘即可。

餃皮每顆約 10 公克，製作餃子使用燙麵較易塑型。

花素煎（蒸）餃

材料		調味料	
青江菜葉末	6 兩	鹽	2/3t
五香豆乾末	1 塊	味精	1/4t
胡蘿蔔末	40 公克	糖	1/3t
香菜末	2 支	白胡椒粉	1/3t
冬粉	1 束	香油	1T
嫩薑末	1 兩		
香菇末	1 朵		
水餃皮	30 張		

作 法

1. 冬粉泡軟剪切1公分小段與所有末料混合調味（亦可炒香）。
2. 取水餃皮包成葉子狀的素餃子。
3. 蒸 10 分鐘。
4. 起 2T 油鍋，將油布開，排入蒸好的素餃，微小火煎至微焦黃上色即可（煎時需搖動鍋底以均勻受熱）。

眷村媽媽喜歡拿捏各種餃子，其中素餃子是她們特別擅長的手藝，無論煎、蒸或水煮都能吃到蔬菜的鮮甜味，彷彿走進新鮮的菜園裡。

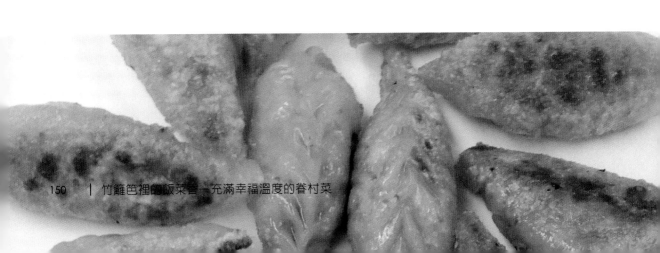

高麗菜水餃

手法、包出的造型不盡相同，各有風格。

鮮肉等，常常出現在眷村的麵點中，每位媽媽包水餃的

各種內餡的水餃，不論是高麗菜、韭菜、雲豆、蝦仁或

材料			調味料		
豬夾心絞肉	4	兩	鹽		2/3T
肥絞肉	1	兩	糖		1/2t
高麗菜	1/2	個	胡椒粉		1/3t
韭黃碎	2	兩	香油		1T
蔥花	1	兩			
嫩薑末	1/2	兩			
水餃皮	30	張			

作 法

1. 高麗菜切成細末，調入 2/3T 鹽，拌勻靜置 20 分鐘，攪拌後擠去水分。

2. 夾心絞肉置鋼盆內，用力攪拌約 40 分鐘至頗具黏性，拌入肥絞肉調味（此為鮮肉水餃的做法，可以吃到如貢丸般的彈性；若為蔬菜水餃，則不必攪拌太久，因為蔬菜將分散黏彈性），加入蔬菜拌勻。

3. 包妥餃子，入沸水烹煮，煮滾約 30 秒後，加入冷水一碗，再煮滾 30 秒，再入冷水一碗，反覆 3-5 次（視餃子摺痕多寡而定）。

4. 最後一次滾 30 秒後，入冷水一碗，即撈起裝盤（較不互相沾黏）。

翡翠打滷麵

　　「打滷麵」是眷村常見的麵條吃法，但在一般傳統的臺灣閩南家庭卻不常見；所謂的「打滷」就是將各種配料一一料理過後，再煮成一鍋並勾芡成滷汁淋在熟麵上，現在則因音相近，坊間常以「大滷麵」的名稱出現。此處將打滷麵高級化，故講究刀工的細緻。

翡翠打滷麵（十人份）

材料

菠菜麵陽春細麵條（溼的）	500 公克	乾木耳（泡發）	20 公克
蝦米	1 兩	蔥	3 兩 +2 兩
大地魚	2 隻	嫩薑	3 兩 +2 兩
高湯	適量	紅辣椒	4 支 +2 支
竹筍	1/2 支	蛋	6 顆
大白菜	1/2 個	蒜泥	3 粒
紅蘿蔔	1/8 支		
豬里肌肉	300 公克		
乾香菇	5 朵		

調味料

醬油、酒、鹽、糖、味精、胡椒粉、香油、太白粉　　適量

作法

1. 竹筍、紅蘿蔔切細絲、豬里肌肉切絲並上漿燙熟、香菇切薄絲、黑木耳切細絲、青蔥、嫩薑、紅辣椒切細絲（三者混洗均勻快速瀝水，但不可結球）、大白菜片切薄絲，備用。

2. 大地魚剪小片，與蝦米以 6T 冷油小火炒拌上色過濾留油，另起 3T 油爆香青蔥、薑撈棄，加香菇炒香。

3. 同上鍋，倒入魚油、高湯續煮調味入料（紅蘿蔔、蔥、薑、紅辣椒絲除外），煮 30 秒後勾芡，再急速旋轉中淋下打散的蛋液，再加入紅蘿蔔絲、三香料絲及蒜泥即可。

4. 起滾水鍋，加入少許鹽，放入麵條汆煮透，即可撈起進入冰水中冷卻，1 分鐘後撈起，每糰 50 公克放至成品碗中備用。

5. 出菜時每碗注入七分滿的打滷汁出菜。

6. 再以蔥、薑、紅辣椒絲小糰放中央作盤飾。

醡醬麵

　　醡醬麵也是眷村常見的麵食，每一個眷村家庭都可能有自己獨特的醡醬麵料配方，料頭、調味，加加減減各具特色。

醡醬麵

材料		調味料	
陽春麵	1 斤	糖	1T
絞肉	半斤	醬油	1T
小白菜	半斤	香油	1T
開陽（蝦米）	1 兩	米酒	適量
小豆乾	5 塊	A	
毛豆仁	5 兩	豆瓣醬	2T
蔥	3 支	甜麵醬	2T
油	3T	辣椒醬	1T
蒜頭	5 粒		
油蔥酥	2T		

作 法

1. 豆乾切小丁（橫批成三片、切絲、切丁），蝦米剁細備用。

2. 起一乾鍋，倒入沙拉油，下豆乾丁焗乾炒香，起鍋備用；原鍋爆香蔥花、蝦米、蒜末，再下絞肉，炒至乾香（較無騷味），加調味料 A，再下豆乾丁拌炒，續加米酒、糖、味精、水（淹過食材），蓋鍋蓋燜煮約 5-8 分鐘（若味道不夠可用醬油調味）。

3. 加入毛豆仁、2T 油蔥酥，待燒滾後勾薄芡、起鍋前淋香油。

4. 麵條煮熟淋醬即成。

醡醬基本配料主要為絞肉、蝦米、豆乾、毛豆。

4.1.2　米食類

暖心也暖胃的甜酒釀

　　亞君是個年過四十，卻絲毫沒有一點老態的熟女，時尚的打扮，透著一種淡淡的自信，笑起來特別動人；窗外的陽光灑進來，咖啡館裡一片光亮，我們各自點了杯咖啡。才剛坐下，亞君就主動聊起小時候住在眷村的記憶。

　　彷彿跌入了一段甜美的回憶裡，在亞君的那段回憶裡有一種名叫「甜酒釀」的東西。「啊，酒釀、甜酒釀這個東西是很經典的，那時候，只要是眷村人都會自己做酒釀，冬天的時候特別好吃。喔，真的很好吃，好香喔！光是想到酒釀蛋那個味道，都忍不住想吞口水，可惜的是現在這個味道越來越少了，有些大飯店也會有酒釀，可是已經不再像我們小時候吃到的味道了！」聊到甜酒釀，亞君不僅是懷念，也惋惜著過去的美味早已不復存在。

　　她舉例說明了記憶中的酒釀和現在坊間酒釀的差別，「像我們家的酒釀就真的是經過時間的累積所透出來的香味，當然，還有一種味道是印象的，那種印象裡面的味道，你要說他是酸甜苦辣什麼味道呢，我說不出來，但是當你吃到的時候，你會有『喔，就是這個味道！』的驚嘆！」。

「我記得我跟我老公剛結婚的時候，懷孕吧，突然間很想吃甜酒釀，剛好在市場看到就買來吃，一吃，卻又覺得味道不對。我記得我們家的甜酒釀平常就放在冰箱裡，國中時的冬天，只要下課，姑姑就會煮酒釀蛋；我遠遠地在門口就聞到了甜酒釀的香氣，啊，實在好香喔！酒釀裡面加個蛋，又補又好吃。」也許甜酒釀就是亞君記憶中最香甜的好滋味！

「現在不一樣了，外面的酒釀隨隨便便拿了個塑膠罐就裝起來賣，那哪能叫甜酒釀，我總覺得酒釀就是要用玻璃罐裝，就是要經過一段時間的發酵，就是要長這個樣子，呈現出來的甜酒釀才是真正的甜酒釀啊！超商或超市架上看到的酒釀哪能稱得上是酒釀呢？」亞君十分堅持自己記憶中那樣的甜酒釀樣貌才是真正的甜酒釀。

無論是酒釀蝦、酒釀蛋還是酒釀湯圓，或許真的只有吃過的人才能懂甜酒釀在眷村人心中所代表的意義，所呈現的那個畫面、那種氛圍，是一種打從心底喜愛的幸福感。

甜酒釀

　　酒釀，又稱醪糟，是利用糯米發酵而成。

　　對眷村人來說，酒釀是再熟悉不過的東西，無論是簡單的多日進補、元宵湯圓，甚至坐月子，似乎都離不開酒釀，尤其產婦坐月子時最常見，當村子裡有人生產，左右鄰居也會自己做酒釀贈送給產婦。

甜酒釀

材料

酒麴	2 公克
圓糯米	600 公克
水	660 公克

作法

1. 糯米泡水 12 小時以上，瀝去水分，放入蒸籠內大火蒸 30 分鐘（至熟）。

2. 在蒸籠內，用 500 公克的飲用水遍淋熱飯，使溫度降至約 36 度。

3. 將酒麴灑入糯米內拌勻，裝入消毒過的容器中約 7 分滿，以筷子或湯匙在米飯中間懸一個凹陷的坑洞，蓋上蓋子（不必密封）。

4. 酒麴在 30-35 度發酵最為理想，溫度太高會發酸。若要保溫可用電鍋的保溫功能。發酵大約 30 小時，糯米開始出酒，釋出甜味後，即成酒釀，可冷藏保存。

酒釀湯圓

元宵節搖元宵是我國重要的節慶文化，關於元宵節有各種說法：有天上玉帝懲罰民間，而民間智者報以炮竹、花燈、烽火景象以避險的美麗傳說；也有以孝感動天的宮女元宵的睿智。

在眷村，元宵節吃酒釀湯圓（圖4.1）是一定要做的事，不論是買元宵或自己搖元宵，搭上酒釀，伴著淡淡的桂花香，讓人一吃就愛上它！

搖元宵作法：

1. 圓球內餡沾水倒入糯米粉中搖滾，滾上第一層粉（圖4.2）。

2. 甩至大漏勺，進入水中馬上出水。

3. 再入幹湖粉中續滾，反覆9-11次，做成大元宵（圖4.3）。

圖4.1　酒釀湯圓

圖4.2　圓球內餡沾水倒入糯米粉中滾上第一層粉

圖 4.3　反覆裹粉 9-11 次做成大元宵

圖 4.4　入沸水鍋煮至膨脹浮起

4. 入沸水鍋水煮至膨脹浮起（圖 4.4），待熟透後，撈出（圖 4.5）。

5. 清水煮沸不加糖，放入元宵、酒釀、桂花醬煮沸。

6. 完成（圖 4.6）。

圖 4.5　待熟透後，撈出

圖 4.6　成品

酒釀荷包蛋

材料		調味料	
煎好的荷包蛋	2 只	麻油	2T
酒釀	2T	酒	5T
薑片	20 公克	鹽	1/6t
甘杞（稍泡水）	10 公克	糖	1t
		味精	1/6t

作法

1. 麻油以薑爆香，嗆入酒產生酒香。
2. 加酒釀、甘杞，加水 1 杯，調味煮開至汁收一半即起。

菜遠酒釀牛肉

材料

芥蘭	1 斤
菲力牛肉	200 公克
洋蔥	1/4 個
蔥	少許
薑	少許
雞蛋	1 顆

調味料

酒釀、醬油、蠔油、	
米酒、糖、胡椒粉、	
太白粉	適量

作法

1. 將洋蔥切片、菲力牛肉切薄片，取醬油、蠔油、糖、蛋白、太白粉抓醃，備用。
2. 起油鍋，將牛肉片滑油，備用。
3. 油水炒芥蘭菜一心二葉後鋪盤。
4. 起鍋加油，爆香洋蔥片撈棄，放入所有調味料勾滑溜芡，入牛肉片拌溜均勻即可起鍋，最後排入菜遠上。

「菜遠炒牛肉」是傳統的粵菜，「菜遠」指的是菜的嫩葉，也就是只用嫩葉的部分，而捨棄菜梗。此道「菜遠酒釀牛肉」則是運用眷村的家常酒釀結合傳統粵菜所做出的一道料理。剩餘的菜梗可別丟掉喔！發揮眷村菜不浪費食材的精神，炒盤芥蘭豬肉或香菇芥蘭也很可口呢！

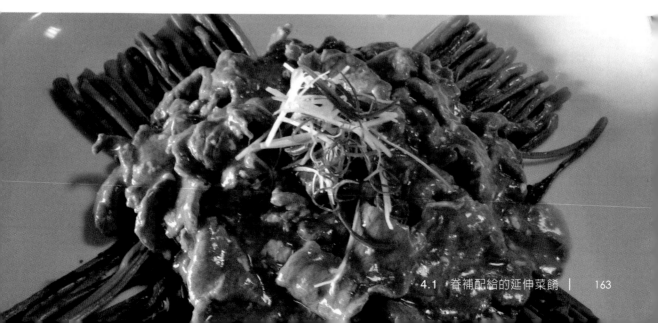

酒釀蝦

　　以酒釀入菜,更別具另一番風味,因為酒釀本身具有甜味與酒香氣,用在肉類或海鮮料理上也相當合適,常見的有酒釀蝦、酒釀牛肉等。

酒釀蝦

材料		調味料	
酒釀	2T	辣豆瓣醬	1T
蔥花	2支	番茄醬	2T
薑末	10公克	醬油	1t
蒜末	3粒	酒	1T
草蝦	1斤	糖	2/3t
蔥絲、薑絲、紅辣		白醋	1T
椒絲	適量	胡椒粉	1/4t
		香油	2t
		太白粉水	少許

作法

前置作業：蔥絲、薑絲、紅辣椒絲混勻。

1. 將蝦子去鬚爪、開背，入 170 度油溫中小火炸 40 秒。
2. 起 2T 油鍋，炒香蔥白、薑蒜末，續炒辣豆瓣醬，再炒番茄醬，嗆入酒及醬油產生香味，加入酒釀稍拌炒，入水 1/3 杯煮開。
3. 放入蝦子，拌勻即勾滑溜芡，灑入蔥花拌合，排盤，再灑蔥花，並以蔥絲、薑絲、紅辣椒絲點綴。

4.2　一菜多吃的眷村菜

4.2.1　空心菜蒼蠅頭 VS. 腐乳空心菜

百變空心菜的奇異冒險

李大哥一聽到我要做眷村菜的研究，開口第一句就問：「你有吃過空心菜梗子嗎？」

「空心菜梗子？」我搖搖頭笑笑。

「就是把空心菜葉子摘掉，剩下的梗子拿來炒辣椒，那個梗子你有吃過嗎？梗子也很好吃，一般人都會把它拿掉，我們眷村都把它拿來和鹽巴抓一抓，炒大蒜、辣椒。」李大哥認為吃空心菜梗子在眷村裡是很稀鬆平常的事。

「我們講眷村菜就是用最便宜的食材變化最可口的菜，菜市場最便宜的菜是什麼？就空心菜，所以家裡很常吃。所以我們常常餐桌上都是空心菜、空心菜、空心菜！你知道空心菜可以怎麼煮嗎？最簡單平凡的就是蒜炒空心菜，你也可以把葉子拿來煮湯，擺點薑絲，就是空心菜湯；你知道蒼蠅頭是什麼嗎？以前做蒼蠅頭不是用韭菜花，以前都用空心菜的梗子，空心菜梗子

很難吃啊，吃了前面的葉子，後面那一段梗子這麼長又難吃，但是如果切成丁就不一樣啦，切成丁，放點豆乾、豆豉、辣椒，就又是一大盤菜；那時候眷村生活很苦，那樣子可能就兩道菜啦，葉子煮湯，梗子就炒菜；如果廚房有塊豆腐乳，就把豆腐乳和空心菜擺一塊炒，變腐乳空心菜。媽媽就是這樣偶爾會換點不同的口味，小孩也比較不會覺得吃膩，最想不到的是小時候吃到看了就煩的腐乳空心菜，現在居然很多餐館都有賣呢！」李大哥細細訴說家中如何把空心菜應用到一種接近極致的境界，並娓娓道出各樣作法，出乎意外的，原來空心菜可以有這麼多變化呢！

空心菜蒼蠅頭

在餐館裡時常吃到的「蒼蠅頭」，在眷村早期使用的可是空心菜梗，與現在餐廳賣的「韭菜花」蒼蠅頭可說是同宗不同種，據說蒼蠅頭這道菜是眷村媽媽用手邊剩下的食材胡亂做出來的，卻因為味道重、好下飯，成了一傳十、十傳百的家常料理；而最早在餐館賣的蒼蠅頭，是在某電視臺前一間生意極佳的小餐館所販售，老闆將店內剩下的韭菜花切末，以眷村媽媽常有的料理方式所做出來的；所以將所用的食材升級，即使是看似平凡的眷村家常菜也能成為餐廳裡受歡迎的美味佳餚呢！

「腐乳空心菜」與「空心菜蒼蠅頭」可說是眷村菜裡「一菜二吃」的典範；眷村媽媽將菜市場買來的空心菜葉子剝下來炒成腐乳空心菜，而剩下的空心菜梗也不隨意浪費，將菜梗切細末加入豆豉炒成一盤隨興下飯的好吃料理，就是眷村家庭餐桌上餵飽一家人的好料囉！

空心菜蒼蠅頭

材料			調味料	
絞肉	2兩		辣油	1T
皮蛋丁	1粒		酒（或鹽）	2t
空心菜梗	4兩		糖	2/3t
蒜末	3粒		味精	1/4t
朝天椒圈	3支		花椒粉	1t
蜜豆豉	0.5兩		胡椒粉	1/4t
			香油	1t

作 法

1. 空心菜梗切丁、豆豉泡水備用。
2. 起油鍋，爆香蒜末、朝天椒圈，放入絞肉炒香，加入豆豉炒匀。
3. 放入空心菜梗，調味拌炒，加入皮蛋丁炒匀即可。

把空心菜梗以韭菜花取代就是現在一般常
吃的韭菜花蒼蠅頭了。

腐乳空心菜

材料		調味料	
空心菜	1 把（約半斤）	糖	1/2t
豆腐乳	2 塊	米酒	2t
辣椒	1 條	香油	2t
蒜末	2-3 粒		

作法

1. 空心菜切段，洗淨後瀝乾。
2. 豆腐乳加少許冷水，攪拌均勻。
3. 起油鍋，爆香辣椒、蒜末（至金黃），倒入豆腐乳醬炒香，放入空心菜並加入酒拌炒，調味，炒勻起鍋。

若要說眷村最常見的食材是什麼，應該莫過於是空心菜和豆腐了，這兩樣食材同樣具有「便宜」的特質，因而在眷村家庭裡十分常見，為了滿足家中成員的味蕾，即便是相同的食材，也能在同餐的餐桌上成就不同的面貌。

4.2.2　紅麴雞→紅麴雞湯

令人回味再三的麻子紅麴雞

稱他為「麻子」實在是因為他的姓
氏夠特別，「麻」這個姓氏，我想全臺
灣找不出幾個來吧！隨和的麻子，也就
因為他的姓，所以「麻子」這個帶著一
點詼諧的綽號就被使用至今。

圖 4.7　紅麴雞湯

麻子先生的爺爺奶奶曾經營餐廳多年，從小耳濡目染下，麻子也燒得一
手好菜，許多餐館知名的大菜都難不倒麻子，看著麻子在廚房裡忙進忙出，
約莫不過一小時光景，麻子已從廚房裡變出一桌豐盛的佳餚。

麻子認為做菜不難，只是各家口味不同，他認為每個人有各自習慣的口
味，就如同麻子所舉例，他喜歡吃椒麻雞，四川口味的椒麻雞又香又辣是他
從小就喜歡的口味；然而麻子的老婆是道地臺灣本省人，同樣是雞肉料理，
麻子太太喜歡的是三杯雞，不論麻子的椒麻雞做的多麼香氣四溢，麻子太太
仍獨愛傳統臺式口味的三杯雞，這是由於從小養成的口味的差異。

　　即使如此，麻子的紅麴雞，卻是只習慣吃臺式口味的麻子太太也喜歡的料理。麻子說：「外公是福建人，我小時候吃的紅麴都是外公做的，他會做酒釀也會釀酒，釀完酒後的酒糟就是紅麴酒糟，外公做的酒是黃酒，用剩下的酒糟再做紅麴，他釀出來的紅麴醬汁又香又健康，他很喜歡用紅麴入菜。」

　　麻子端上桌的紅麴雞香氣噴鼻，粉紅色的雞肉透著微微的油漬與淡淡的酒香，一看就是老饕絕對不會錯過的好料理。很快地，在大夥一陣混亂中，各自手上的竹箸彷彿從未見過如此美味似的，一塊接著一塊放入口中，扎實的土雞肉塊吃進口中後，透著陣陣紅麴香氣，令人回味再三；不久後，麻子將雞湯倒入紅麴雞內，做成另一鍋紅麴雞湯。

　　「哇，如此一來，馬上變成另一道好湯。」眾人不禁驚嘆著。

　　是的，這又是另一道具有延續性的眷村菜啊，只是這道料理，既是菜，又是湯，令人驚豔！

紅麴酒釀

材料

米酒	900 公克	水	660 公克
圓糯米	600 公克	紅麴米（製酒用）	200 公克

作法

1. 糯米泡水 12 小時以上，瀝去水分，放入蒸籠內大火蒸 30 分鐘（至熟）。
2. 在蒸籠內用 500 公克的飲用水遍淋熱飯，使溫度降至約 36 度。
3. 將洗淨的紅麴米泡入米酒中浸泡 3 小時，漲發後取出加入米飯中混合。
4. 裝入消毒過的容器中約至 7 分滿，以筷子或湯匙在米飯中間懸一個凹陷的坑洞，淋入米酒，蓋上蓋子 (不必密封)。
5. 酒麴在 30-35 度發酵最為理想，發酵約 10-15 天，即成紅麴酒釀 (存放越久越紅)，之後冷藏保存。

紅麴酒釀元宵

TIPS

亦可將紅麴米磨成粉，灑入甜酒釀中混勻，約 3-4 天後，即可產生效果，一周後即成。如同圖片示範，只要將做成的紅麴酒釀加入元宵，就是好吃的紅麴元宵。

紅麴雞

　　紅麴雞與紅麴雞湯可說是具有延續性的兩道料理，紅麴雞燒乾後加水就變成紅麴雞湯；另外，像花雕雞也是類似的做法。在眷村還有很多這一餐吃不完的食材，下一餐再作變化的情形，最常出現的就是蒜泥白肉，用不完的肉可以到第二天再炒成回鍋肉；香腸是比較常態性可以久放的食物，第一餐可以是蒸香腸，第二餐做香腸炒蒜苗，這種具有延續性的做法，在眷村料理中頻繁可見。

紅麴雞

材料

土雞腿	2 隻
老薑	40 公克
青江菜（修好）	1 支

調味料

麻油	2T
紅麴酒釀	4T
鹽	1/4t
糖	2/3t

作 法

1. 土雞腿切大塊，用熱水汆燙過。
2. 薑切片備用。
3. 鍋中入麻油，轉小火放入薑片煸至捲曲，再加入雞腿塊及酒，轉小火拌炒。
4. 炒至八分熟後，加入紅麴酒釀，炒至入味，調味後即是美味的紅麴雞。

延伸烹調：紅麴雞湯

材料

土雞腿	2 隻
老薑	40 公克
青江菜（修好）	1 支

調味料

麻油	2T
紅麴酒釀	4T
鹽	1/3t
糖	1t
味精	1/3t
米酒	300c.c.
水	300c.c.

作法

吃不完的紅麴雞，直接加入水、酒，即可煮成紅麴雞湯。

同場加映：三杯雞

材料			調味料	
雞腿塊	3 支		麻油	3T
蒜仁	20 粒		米酒	3T
中薑片	50 公克		醬油	3T
蔥丁段	2 支		油膏	2T
紅辣椒圈丁	1 條		糖	2/3T
九層塔嫩葉	2 兩			

作法

1. 雞腿塊沸水燙至表皮緊縮，取出沖水洗淨。
2. 以 150°C 油溫小火炸透蒜仁（約 3 分鐘）至深金黃色，以 170°C 熱油小火炸透雞塊。
3. 起麻油鍋，小火炒香薑片至酥硬，放入雞塊煸炒，調味，續入紅辣椒、蒜仁，約炒燒 3 分鐘稍入味，加蔥續炒，隨即加入油膏拌合勾芡，加 2/3 九層塔拌勻。
4. 移入燒熱的小砂鍋，上面放九層塔，上蓋出菜，上桌時需快速移開鍋蓋以免九層塔黃化。

三杯雞雖然是道地的臺菜，但早就融入我們日常的飲食生活了！要能把三杯雞做得道地，可需要一點工夫，絕不是件容易的事呢！

4.3　隨興下飯的家常眷村菜

趙阿姨的眷村菜比孫悟空更有戲法

這是一個陰雨綿綿的午後，穿著典雅，打扮入時的趙阿姨笑著開門歡迎我們的到來，跳脫一般對眷村裡的婆婆媽媽們的印象，趙阿姨有著端莊的外表與大器的談吐；雖是如此，趙阿姨的熱心大方就又如同眷村的婆婆媽媽，在冷冷的陰涼下午，看著我們略淋著雨進門，就立刻為我們端上熱茶和熱咖啡，還拿出一碟碟自製的拿手小菜供我們品嚐。

提到眷村菜，趙阿姨口若懸河的與我們聊起來。

「你說我們吃過什麼眷村菜啊？像鹹蛋苦瓜，很多人都吃過，可是可能就是因為菜市場苦瓜一條才一塊錢，可家裡總不能老是這樣吃同樣口味的苦瓜，那怎麼辦啊？當時家裡都有做鹹鴨蛋，廚房邊剛好擺了兩個，媽媽就放兩個鹹鴨蛋下去燒，沒想到煮出來的味道非常好吃，變成我們現在說的鹹蛋苦瓜。其他還有很多食材，媽媽總是能化腐朽為神奇，像一塊最平凡無奇的豆腐，可以變成什麼？變成豆腐乾，一塊豆腐乾又可以變成什麼？就是炒五絲。還有像一顆滷蛋，可以變成三色蛋，可以變出多種不同的味道，比如菜

脯蛋；或者是像以前每家院子都有香椿，香椿摘一摘，可以做成香椿蛋，或者蔥花蛋，媽媽就是運用很多在地食材。」趙阿姨認為，只要能用的東西，就不要浪費！在眷村裡，很多食材只要能妥善運用都是可以不斷延續下去的，即便如醬瓜、豆腐乳，這些看似不起眼的東西也可以好好利用：「醬瓜，每一瓶剩一點一點的，就把它全部倒進雞湯裡，做成瓜子雞，很好吃啊！又比方像豆腐乳沒吃完，那就明天買個二十元豆腐，把所有的豆腐、豆腐乳放在一起燒，就算是吃素的也可以吃，如果不吃素，要加蝦仁或加絞肉也都可以，這樣又是一道菜了！豆腐乳也可以拿來炒青菜，腐乳空心菜；豆腐乳剩下的汁，不要倒掉，就直接做涼拌菜，把腐乳汁灑在上面，蒜頭一拍下來，就又完成另一道菜了。」

此外，趙阿姨還笑著說：「如果餐桌上出現紅燒肉，光紅燒肉的滷汁就覺得很棒，也可以延續用好幾天了，可以拿來滷蛋、滷豆乾、滷花生、滷海帶、滷豬頭皮、滷牛腱、牛肚，滷很多不同的食材，滷汁還可以拿來做些菜，光是藉由紅燒肉的滷汁就可以延續很多作法和吃法。」趙阿姨強調這種「吃」的精神是不一樣的。

4.3.1　家常滷味：牛肉類和其他

家常滷味

　　如果說「滷味」是眷村菜中的經典，應該不會有人反對，而且眷村滷味的特色是「滷到入味」，和傳統臺式滷味是以沾醬取勝的做法相當不同。

　　因為可以久放，內容又相當豐盛，可說是眷村媽媽最愛也最常做的料理之一。舉凡海帶、蛋、豆乾、豬頭皮、豬耳朵、白蘿蔔、牛腱、牛肚等，幾乎無所不滷，每次一滷就是一大鍋！其中最特別的莫過於是滷「牛肉類」，因為早年的傳統臺灣家庭多半不吃牛，眷村家庭的牛肉類滷味對本省人來說是相當特別，也是和臺式滷味另一個差異之處。

　　這裡示範的內容包含花生、牛肚、牛腱、豬耳朵和豬舌等，當然也可以加入其他食材，就全憑自己的創意了。

家常滷味

材料		調味料	
花生	300 公克	醬油（鹽）	1/2 杯
牛肚	1 顆	酒（紹興酒）	1 杯
牛腱	1 斤	糖	50 公克
豬耳朵	1 副	黑胡椒粒	1T
豬舌	1 個	八角	3 粒
香豬捲	1 支	桂皮	1 小片
鴨翅	5 支	花椒粒	1T
雞胗	10 個	乾辣椒碎	3 支
白煮蛋	5 個	香油	1T
豆乾	5 塊	水	適量
海帶	10 片		
蔥花	3 支		
蔥結	2 支		
薑塊（拍扁）	50 公克		

作法

1. 辣油：沙拉油＋香油（比例 4：1）入鍋，燒至中溫（100°C），加入花椒煸香，熄火降溫至 60°C，撈出花椒後再沖入乾辣椒碎中即可。

2. 所有材料洗淨後，以沸水汆燙備用。

3. 鍋裡放油煸香蔥結、薑塊、香料，嗆酒及醬油產生香味後調味，接著加入水，入肉類材料及花生燒滷約 2-3 小時。

4. 另取部分醬汁滷煮海帶、豆乾、白煮蛋約 1 小時即可（豆乾需滷至蜂巢狀）。

5. 切割排盤，灑上蔥花，淋上香油。

4.3.2　涼拌菜：涼拌雞絲拉皮

一代傳一代的眷村涼拌菜

張姐是個不折不扣的道地臺灣客家人，因為愛吃麵食，愛吃麻辣口味的食物，所以從小立志要嫁眷村人；也許上天聽到張姐的祈禱，長大後的張姐果然嫁到眷村，成為眷村媳婦。

愛吃也好吃的張姐嫁到眷村後，很積極地想向婆婆學幾道料理，最初學的就是涼拌菜。「我第一道學的菜就是涼拌雞絲；婆婆是四川人，所以她都做麻辣口味的，我們說是涼拌雞絲拉皮，但是她沒有加拉皮，因為以前生活很窮，所以她都是買生蛋的老母雞，燉出來的老母雞可以兩用，不但有湯，而且還可以把雞肉和雞皮都撕下來，一絲一絲的再去拌辣椒粉和花椒，再加一點蔥花、香菜，這樣子拌一拌就很好吃。」

令張姐意外的是，她的小女兒嫁給本省人，卻回娘家說要學做涼拌菜。「她回去宜蘭過節時，看婆家拜拜後的雞肉沒人處理，尤其雞胸肉都沒有人要吃啊！我女兒就想到我以前跟我婆婆學做的涼拌雞絲，她用小黃瓜加大蒜、辣椒、雞胸肉，把它全部和在一起拌一拌，她就學我這樣子做，沒想到

他的本省公公很愛吃，還問我女兒這個菜去哪學來的？我女兒就講，我奶奶在眷村的時候都做這個給我們吃啊！」

張姐認為很多眷村媽媽的料理方法是可以學習的，她以小女兒婆家拜拜的雞為例，如果是本省菜，就把白斬雞剁一剁，但實際上只要多換個口味就很好吃，「如果是以前我婆婆的做法，她把白斬雞斬一斬，因為她是四川人，所以就會多放點花椒、蔥花、加點醬油、麻油、醋啊，味道也很好。」

種類多元的涼拌菜，因為做法簡單、易學，是許多眷村家庭常見的菜餚，無論是涼拌黃瓜、涼拌豆腐，還是涼拌冬粉，各式各樣的涼拌料理可說是眷村裡的基礎菜色。

涼拌雞絲拉皮

　　這是一道簡便易做，卻相當可口的眷村家常菜，涼拌雞絲拉皮中的「雞絲」可用燉煮高湯所用的老母雞煮後的雞肉剝成絲，拉皮則是指粉皮，也是道將雞肉一菜二用且具有延續性的眷村菜。

　　涼拌的方式，在眷村非常普遍，由於方便好做，味道又夠，所以許多家庭菜餚常出現涼拌的做法，除了書裡所示範的涼拌雞絲拉皮外，還有涼拌小黃瓜、涼拌豆腐等，不勝枚舉。

涼拌雞絲拉皮

材料		調味品	
雞絲	100 公克	蒜泥	1/2t
小黃瓜絲	1 條	糖	2t
蔥絲	1 支	醬油	2t
粉皮	1 張	白醋	1T
		香油	2t
		芝麻醬	2T
		冷開水	1T
		（亦可加花椒油、辣椒油）	

作 法

1. 粉皮整片泡溫水至軟切成條狀，加入香油拌勻備用。
2. 小黃瓜切絲，用冰塊冰鎮後撈起備用。
3. 煮過高湯的雞肉拉成雞絲。
4. 配製芝麻醬料備用。
5. 將小黃瓜、蔥絲鋪盤，粉皮盛入盤中，再放入雞肉絲，淋上調好的芝麻醬即可完成。

4.3.3　紅燒類：黃豆燒豬皮

吳里長記憶中的黃豆燒豬皮

在吳里長的辦公室裡有淡淡的茶香，他總喜歡泡壺熱茶，和里民們坐下來聊聊生活。

談起過去的眷村生活，吳里長想起戰備存糧，「所謂的戰備存糧就是在部隊的時候，時常都會配發戰備存糧給每個官兵，戰備存糧保存到一段時間以後，就會有很多多出來的量，雖然說這些戰備存糧平常是要拿來當戰備伙食，可是累積到一個量的時侯，沒用完就過期了，所以部隊常常就直接發給軍中的弟兄帶回家，比如牛肉罐頭、口糧、營養餅乾、牛肉乾。」

戰備存糧到底有哪些內容，又有多美味，可以讓吳里長對戰備存糧的記憶歷久彌新？「我最喜歡分配到牛肉罐頭，有牛肉罐頭就拿來煮麵，因為軍中的牛肉罐頭很好吃，其他還有豬肉罐頭，也有水果罐頭，像鳳梨、水蜜桃、荔枝這幾種口味；部隊會配發什麼罐頭都不一定，有時是行軍的時候，一個人發兩罐，有些人沒有吃完就帶回家，給家裡做菜。最常見的就是把牛肉和豬肉罐頭拿來煮麵，就煮點麵條，加些青菜，再把牛肉或豬肉罐頭倒進去，

哇，那個香味，現在想起來都還是很懷念啊！還有一種罐頭是黃豆牛肉，它也很好吃，黃豆牛肉就可以拿來夾饅頭，我告訴你啊，黃豆牛肉光是湯汁就很香，要不然也是可以用最一般的方式，在煮麵的時候整個倒下去，連調味料都不用放，加點青菜就很好吃。」提到黃豆牛肉，吳里長整個眼神都發亮了！

「講到黃豆牛肉我就想起一道我們小時候常吃的菜，那時會有配給黃豆，但是真的要拿來燒黃豆牛肉的機會其實不多，因為牛肉貴嘛，所以吃到的黃豆牛肉都是罐頭，印象中沒有吃過我媽媽煮的黃豆牛肉，我媽媽都是把黃豆拿來燒豬皮！黃豆燒豬皮這道菜在我們家很常出現，下飯啊，豬皮又不用錢，去菜市場買豬肉時跟肉販要點豬皮，回來就煮黃豆燒豬皮，豬皮有膠質，煮出來的味道又香，光那道黃豆燒豬皮，大家就又可以多吃好幾碗飯了！」吳里長喜孜孜的分享著小時候對於黃豆燒豬皮的記憶，卻聽得我也好想搭乘時光機，回到那個看似生活貧乏，精神卻很富足的年代，添碗白飯，吃口里長媽媽的黃豆燒豬皮。

黃豆燒豬皮

　　眷村居民曾經有短暫的時間可憑眷補證換取黃豆，領回來的黃豆，眷村媽媽會用來磨成豆漿、做豆腐等，當然也會拿來做菜，如黃豆燒豬皮、黃豆燒肉等，尤其在買豬肉時，可以向肉販要些不用錢的豬皮，所以黃豆燒豬皮是早期眷村很常見的家常菜。隨著時間變遷，使用的食材也隨之升級，現在反而少見黃豆燒豬皮，而以黃豆牛肉取代了。

黃豆燒豬皮

材料

豬皮（已刮去皮下油脂）	1 斤
黃豆	200 公克
蔥段	1 兩
薑片	1 兩
八角	2 個
花椒	1T
蔥薑紅辣椒絲混勻	少許

調味料

辣豆瓣醬	3T
豆瓣醬	2T
醬油（鹽）	3T
糖	1.5T
酒	2T
味精	1/3t
香油	1T

作法

1. 黃豆洗淨以水浸泡一個晚上。
2. 豬皮以開水汆燙去雜後，清洗乾淨，切成約 5 公分片狀。
3. 起油鍋，小火爆香花椒，再將花椒去除，留油。
4. 花椒熱油放入八角、蔥、薑爆香，加辣豆瓣醬炒香，嗆酒及醬油產生香味，放入汆燙過的豬皮（用鹽調鹹度），中火炒一下，加入黃豆，並加多量水。
5. 水開後轉小火慢燉並放入豆瓣醬續煮約 2.5 小時，燜燒至豬皮及黃豆熟爛即完成。
6. 蔥、薑、紅辣椒絲擺中間上菜。

黃豆牛肉

　　「黃豆牛肉」是軍中最受歡迎的戰備罐頭之一，隨著時代變遷，要再吃到黃豆牛肉罐頭已經是幾近不可能，不如自己燒鍋黃豆牛肉，下麵條、配飯、夾饅頭都很適合，最重要的是，可以重溫在眷村生活的美好時光。

黃豆牛肉 （五人份）

材料

材料	
牛腱子	300 公克
黃豆	200 公克
蔥	0.5 兩
薑	0.5 兩
八角	2 個
紅辣椒	1 支
花椒	1T
蒜頭仁	2 粒

調味料

調味料	
辣豆瓣醬	5 公克
不辣豆瓣醬	15 公克
米酒	10c.c.
鹽	適量
醬油	50c.c.
糖	3 公克

作法

1. 黃豆洗淨以水浸泡 4 小時，再以電鍋蒸熟備用。
2. 牛腱子心切成約 5 公分塊狀，將腱子肉及牛骨以開水汆燙去血水。
3. 熱鍋下油約 30c.c.，以熱油小火爆香花椒，再將花椒去除，留油。
4. 花椒熱油放入八角、蒜仁、辣豆瓣醬，並放入汆燙過的牛肉，加鹽，中火炒一下，灑點米酒，再加醬油、糖，並加水至需能完全覆蓋豬皮及黃豆。
5. 水開後轉小火慢燉並放入不辣豆瓣醬及牛骨，再續煮約半小時，即可加入蒸熟的黃豆，燜煮至牛肉熟爛即完成。
6. 盤飾：蔥、薑、紅辣椒絲擺中間。

4.3.4 眷村家常小炒

小董奶奶的家常小炒

小董是一個很重感情的人，尤其是她和爺爺奶奶之間的祖孫情。

他從小就和爺爺奶奶同住，說是爺爺奶奶帶大的，一點也不為過。很愛廚藝的奶奶，常常在廚房裡耗上一整天，小董就跟著繞在奶奶身邊，即使不會，也要假裝自己是個很優秀的小幫手，幫忙捏捏小丸子，幫忙包包雲豆餃子；小董以為日子會一直這麼平順自在，因為這是小董記憶中最愉快的一段時光。

直到有一天，奶奶重病離開這個世界，小董突然覺得自己的生活改變了，這個改變不單單是她自己還無法適應沒有奶奶的日子，更重要的是爺爺也改變了！每天早上起床，看不到奶奶的爺爺，連擠牙膏都不會了；廚房裡再也沒有奶奶爽朗的笑聲；吃不到奶奶料理的味道，爺爺異常的失落，連小董都覺得爺爺像失了魂似的，但小董心裡很清楚，爺爺想念奶奶的那一手好菜。

為此，小董下廚了，她決定為爺爺做菜，做一桌好菜，就像當年奶奶總

是為他們下廚煮飯那般用心、美味。

爺爺想吃的菜餚很簡單，是最家常不過的簡單料理，小董把發酵過的花椰菜，加上以花椒、高粱酒醃製的高麗菜一同下鍋炒肉絲，炒出一道「辣花肉絲」，如此平凡又簡單的一道菜餚，居然讓爺爺吃上兩碗飯，小董更明白，爺爺要的不是山珍海味，他只是單純的想念奶奶的味道。

小董又用冰箱裡所剩的一點豆乾、絞肉拌入皮蛋和蝦米同炒，這樣一道無厘頭的家常小炒，居然讓爺爺笑開懷了，爺爺說，「奶奶最擅長的就是把一堆看似不搭的東西放在一塊炒，但卻出奇下飯啊！」爺爺邊吃邊笑著，眼角卻泛著淚光，原來，爺爺嘴裡不斷咀嚼的是對奶奶的思念。

眷村家常小炒

　　既然稱之為「眷村家常小炒」，顧名思義就是一道眷村家庭主婦常會端出來的日常料理；普遍而言，眷村媽媽的食材來源多半就地取材、隨手取得，有什麼食材就做什麼菜色，「眷村家常小炒」就是這種集合冰箱裡剩下的各種食材所炒出來的一道菜，不但材料不固定，做出來的味道也不一致。

　　這盤示範的眷村家常小炒有用掉香菜葉後剩下的香菜梗、豆乾、芹菜、紅蘿蔔、香菇、肉絲、木耳等，將這些食材全部倒入鍋中一起炒，就成了這道可口好吃的眷村家常小炒。

眷村家常小炒

材料		調味料	
香菜梗段	2 棵	酒	2t
小豆乾絲	3 片	鹽	1/2t
芹菜段	1 棵	糖	1/3t
紅蘿蔔絲	20 公克	味精	1/4t
香菇	2 朵	胡椒粉	1/3t
辣椒絲	1 條	香油	2t
黑木耳絲	1 朵	太白粉	1t
肉絲	100 公克		
蔥段	1 支		
薑片	20 公克		

作 法

1. 將材料個別處理，切段或切絲。
2. 肉絲以太白粉上漿。
3. 起油鍋，爆香蔥、薑（可撈除）嗆酒香。
4. 將所有材料放入鍋中拌炒，調味後即可裝盤。

4.4 　　在地化的眷村家鄉味

4.4.1 　清燉獅子頭

華華的眷村菜之我變、我變、我變變變

說要回憶自己小時候吃些什麼，華華實在是怎麼也說不出個所以然，她說：「小時候吃的東西都很簡單，就是用最便宜的、最容易取得的材料，做出一桌子的菜，那就是眷村菜！」

什麼時候有肉吃？「只有過年過節才會加隻雞，小時候我們的雞都是自己養的，自己養雞，每天去餵雞，餵餵餵餵餵，直到快過年，有一天，媽媽就抓了一隻雞要殺，我們小孩子都嚇死了，想說媽媽幹嘛那麼做呢，所有的小孩都為了那隻雞哭哭啼啼的，可是到了晚飯的餐桌上，大家還是稀哩呼嚕的把它吃個精光。啊，小時候就是這樣長大的！」回想小時候媽媽殺雞的樣子，華華依舊心有餘悸，但是提到吃雞肉，華華似乎又跌入另一段回憶了。

「小時候真的要吃雞肉的機會其實不多，就過年過節或有客人來時，不過雞肉可以做的變化很多，像怪味雞，就用自己調的怪味醬；還有鹽焗雞，也很好吃。」

對華華而言，平常在眷村裡吃的東西都很簡單。華華特別強調：「你給我太多太複雜的食材恐怕我也不會使用，對我來說，也許豆乾，也許很簡單的土豆，我就可以做成香乾肉絲、土豆肉絲；也許很簡單的豆腐，我就可以把它做得很好吃，我覺得那就是眷村菜厲害的地方。你看，光是一個豆腐，我就可以做出很不錯的東西，只要有一些絞肉，我就能做成麻婆豆腐，又或許光這一盤豆腐，它的食材便宜，香味又好，我就只要做個豆腐，炒個青菜，就能讓一家人都填飽肚子，眷村菜就有這樣子的魔力，它可以用很簡單的東西，讓大家填飽肚子。」

「獅子頭」在眷村裡很常見，是道人見人愛的料理，有的人喜歡清燉，有的人喜歡紅燒，可是華華的獅子頭料理是以麻婆豆腐作基底再加入獅子頭去燒成一鍋下飯下酒皆合宜的好味道。華華說：「看似不起眼的小丸子，我就是想把它變變變，變成大家都喜愛的大眾口味，你看，這樣多棒！」華華總有不經意的創意，讓餐桌上的料理變得更精彩。

清燉獅子頭

　　源於淮揚菜的「獅子頭」是在眷村裡很常見的菜餚，簡單講，獅子頭就是肉丸子，但能夠把絞肉聚集成一球且煮後不會散開，光是這門功夫就是個學問；眷村裡的獅子頭經過融合後口味多元，在這裡我們所示範的這道是「清燉獅子頭」。

　　能夠精準掌握品質改良的元素與耐心付出的火候，便可造就這道無可比擬的清燉獅子頭了；這道菜在眷村菜餚中可說是最具帝王本色的尊崇地位，許多眷村媽媽都會做，差異僅在品質與口感，只要將獅子頭夾入口中就不難斷定高下了；蛋白與澱粉，是細細的絞肉所賴以成就的元素，精燉五小時，是成功的關鍵，也就是奧秘之所在。湯汁金黃清澈，獅子頭吃來綿細滑口，圓潤柔舌而將化，配上將臻化境的清甜蔬菜，世上之美物，再無可比，這道「清燉獅頭」就是最好的詮釋。

清燉獅子頭

材料		調味料	
絞肉	10 兩	A	
蔥末	2 支	鹽	2/3t
薑末	1/3 兩	糖	1t
荸薺	5 粒	胡椒粉	1/4t
青江菜	1 斤	酒	2t
雞蛋取蛋白	2 個	太白粉	2T
豆腐	4 兩	B	
		鹽、糖、酒	適量

作法

1. 蔥白、薑、荸薺切成 0.2 公分以下細末，青江菜修 2 棵菜心，其餘放入砂鍋墊底，加水至七分滿。

2. 絞肉再剁細，加入調味料 A、蔬菜末（可加豆腐泥）、蛋白拌至收斂，整成 4 至 5 個圓球，放入砂鍋中。

3. 中大火煮開前，開蓋，調成小火，不使溢出，上蓋，燉煮 3 至 5 小時，中途需觀察水量，適度添加。

4. 火候足時，加調味料 B，菜心稍燙煮，點綴其上即可。

TIPS

鋪底的青江菜可以大白菜取代，也同樣清甜味鮮呢！

4.4.2　豇豆臘肉

過年絕不能少這一味：臘肉、香腸

　　曬在長廊上的臘肉、香腸、燻魚、風雞，乍看之下，十分壯觀，而隨著這些食物的出現，也預告著「快過年了」的訊息。

　　祝幸福，人如其名，透過各式各樣的料理帶給人一種幸福與滿足，年終將至之際，祝幸福與祝太太製作了許多臘肉、香腸和各樣的年節醃製品。「以前每到年節的時候大家就各顯神通，把壓箱寶通通拿出來，因為平常生活很苦，而過年一年只有一次，好不容易有機會可以飽餐一頓，家長就會多拿出一點錢買魚、買肉，我們眷村裡面還會做香腸、臘肉，每年的過年，村子裡面常見家家戶戶都拿竹竿曬香腸，看起來非常壯觀。」

　　看著祝幸福和祝太太在五花肉條上大把大把的灑鹽，「這些東西不鹹不行啊，以前的人沒有冰箱，如果不鹹的話，根本不能擺久啊！而且我們製作的東西有個好處，就是絕對不擺防腐劑，我們做出來的任何東西都是沒有防腐劑的，所以我們的東西不鹹會壞掉，你不擺鹹一點的話，它會長蟲，你看這整條五花肉，所有縫隙都要有鹽巴，如果有沒有擺上鹽巴的地方，很快就

會長姐，那這條臘肉就腐壞了。」祝幸福很熟練的一邊為手上的五花肉均勻的抹鹽，一邊解釋著。

夫妻倆熟絡的技術可是學自左右鄰居，「眷村有個特色，就是大家會互相分享、互相交流，小時候都會覺得哪戶媽媽做的香腸特別好，哪戶媽媽做的臘肉更是好吃；我們家是浙江人，在我們家鄉是沒有做香腸臘肉的，我媽媽是到臺灣才跟鄰居學做這些，當然這些東西，不論味道、用量，媽媽就常抓不準，也就沒有鄰居們做得好吃。結婚之後，這些很會做料理的鄰居媽媽們也教我太太做，想不到，我太太做的四川麻辣香腸和豆腐香腸，還有煙燻的湖南臘肉，味道特別好，大家覺得我們的口味好吃，就要我們拿出來賣，很多人還幫忙介紹，現在每到過年前就會有很多人打電話來預約。」祝幸福的雙手仍熟稔地不停翻動著待會兒要用來灌香腸的餡料，對於自家的臘肉和香腸很受鄉親歡迎格外得意。

一年復一年，祝幸福以最傳統的做法製作讓人幸福的臘肉與香腸。

豇豆臘肉

　　豇豆，又稱長豆，酸豇豆是取還沒長出豆仁的細嫩豇豆所醃漬，是許多眷村家庭必備的醃製物，用來炒肉末，或單吃配飯、配麵條都很開胃。臘肉則是農曆過年前，各家各戶的眷村媽媽必備的年節食材，很多眷村媽媽都會自製臘肉。

　　這道豇豆臘肉則是加了臺灣在地食材 ── 毛豆仁，使臘肉的味道不再那麼死鹹，也是眷村家鄉味在地化的代表之一喔！

豇豆臘肉

材料		調味料	
酸豇豆	200 公克	酒	2t
煙燻臘肉	150 公克	鹽	1/4t
蒜末	3 粒	糖	1/2T
蒜苗	1 支	味精	1/4t
毛豆仁	200 公克	胡椒粉	1/3t
紅辣椒圈	1 支	香油	2t
蔥、薑、紅辣椒絲混勻　少許			

豇豆作法

1. 豇豆 1 斤，清洗乾淨後招掉根部，充分晾乾。在乾淨、無油的洗菜盆裡放入 1T 粗鹽，使勁用手揉搓豇豆，使豇豆變成翠綠色，靜置 30 分鐘。
2. 乾淨無油的鍋中倒入清水約 1,000c.c.，放入花椒 2t、八角 2 個、乾辣椒 3 支，煮開後晾涼，然後加入 1T 鹽，和高純度白酒。
3. 把搓好的豇豆以飲用水沖掉表面的鹽粒，然後放入乾淨、無油的密封容器中，倒入調好的料水，用乾淨無油的盤子壓在豇豆上，蓋上密封的蓋子，放置在陰涼避光的地方約一週即可。

豇豆臘肉作法

1. 臘肉切薄片、酸豇豆切丁、蒜苗切細段。
2. 起鍋燒水至開，水開後放入臘肉稍煮至軟後撈出。
3. 起油鍋，炒香蒜末、辣椒圈，放入臘肉炒出油脂，嗆酒香，續加豇豆、蒜苗炒香，放入毛豆仁拌炒，調味拌勻，裝盤。

麻辣香腸

　　過年除了臘肉就是香腸，經濟上過得去的家庭，就會多灌一些香腸！一般常見是原味香腸，但許多喜好吃辣的眷村居民總會在口味上多做點變化，這裡示範的是加入各種辛香料的麻辣香腸！

麻辣香腸

材料

豬後腿瘦絞肉	2400 公克
豬後腿肥絞肉	600 公克

調味料

糖	200 公克
味精	10 公克
鹽	30 公克
米酒頭	100 公克
58° 高粱酒	100 公克
薑汁	40 公克
（或薑粉	5 公克）
甘草粉	3 公克
肉桂粉	3 公克
花椒粉	10 公克
辣椒粉（粗）	120 公克
辣椒粉（細）	30 公克

添加物（防腐）

聚合磷酸鹽	5 公克
異抗壞血酸納	
（vit C 抗氧化劑）	1.5 公克
亞硝酸納	0.3 公克

作法

1. 糖、味精、鹽、酒、薑汁、甘草粉、肉桂粉、花椒粉、辣椒粉及食品添加物充分攪拌至糖溶化。
2. 將瘦絞肉與上列材料以攪拌機充分攪拌至黏稠（3 分鐘）。
3. 攪拌好再放入肥絞肉使其均勻分布於瘦絞肉中。
4. 將醃漬好的原料肉充填成形。
5. 食用前蒸熟切片即可。

豆腐三色蛋香腸

　　眷村居民對於豆腐的使用非常普及，由於其運用範圍廣，且價格便宜，不僅拿來做菜、煮湯，在變化多樣的豆腐料理中，豆腐乳和豆腐香腸可說是十分具有眷村的飲食特色，豆腐乳除了拿來配飯也可用來配饅頭；而豆腐香腸在眷村獨有的起因是豬  肉的價格高，於是就有眷村媽媽在灌香腸的餡料中加入豆腐，讓腸衣看起來更加飽滿，之後許多眷村家庭也起而效尤。

　　在這裡，我們跳脫一般人對香腸的想像，示範一道豆腐三色蛋香腸。

同場加映：豆腐三色蛋香腸

材料		調味料	
全蛋	10 粒	辣椒末	1/4t
鹹蛋	3 粒	鹽	適量
皮蛋	3 粒	胡椒粉	適量
豆腐	300 公克	米酒	適量
水	2T		
腸衣	100 公分		

作法

1. 準備一個布袋，放入豆腐捏碎，擠出豆腐的水分。
2. 將袋口扭緊，放在有洞的鐵盤上，在袋上再壓上重物，讓豆腐排出更多的水分。
3. 鹹蛋與皮蛋煮熟，切丁備用。
4. 雞蛋打散，加入調味後過濾，將作法 2 與 3 的豆腐、鹹蛋與皮蛋加入拌勻。
5. 將作法 4 灌入腸衣內，每 20 公分固定。
6. 煮一鍋水煮開後，將約 70-100c.c. 冷水降溫至 90℃，放入蛋腸浸泡至水冷卻，重複約 2-3 次至完全熟為止。

4.4.3　梅乾高麗菜扣肉

眷村嚴選──高麗菜梅乾扣肉

豪氣的屈里長一打開眷村菜的話匣子就滔滔不絕，深怕缺漏了什麼似的，一股腦兒地把所有與眷村菜有關的記憶說個沒完。

提到眷村菜有什麼特別？屈里長用梅乾扣肉來作舉例，「這絕對有很大的差別，我們四川的梅乾菜是用高麗菜做的，不是芥菜，臺灣本省的梅乾菜都是芥菜，可是我從小吃到的梅乾菜都是高麗菜，那感覺就不一樣啊，為什麼？光是用高麗菜的甜味就一定比芥菜高很多，而且梅乾菜就是要完全曬乾，然後就擺在家裡面，隨時都可以拿來泡，泡了以後再拿來用來做菜。」

屈里長的梅乾高麗菜做起來不難，只是耗工費時，「用刀將高麗菜一分為二、二分為四，再曬乾到約六成乾，然後拿一點鹽巴搓揉，讓鹽入到葉子裡，這樣有防腐的作用，醃漬高麗菜吸收鹽之後就拿出來曬，把它曬乾一點，我們都把梅乾菜放到眷村的房頂上曬，因為以前眷村都平房，白天把它丟到屋頂上曬，晚上再收回來，白天再丟出去曬，就這樣反覆到把它曬乾，所以要吃之前要洗乾淨，不然上面一定有很多沙和灰塵。」

喝了一口茶，屈里長忍不住稀噓：「所有的菜就梅乾高麗菜最令我懷念，現在家裡沒有做了，我們想要去買也買不到，有時候也想說我們自己來曬好了，很想曬啊，可是若真的做了，我們真正吃的機會其實不多，現在家裡就只有我跟我太太兩個人，小孩又不在，曬好了的高麗菜要吃到哪時啊？但是我們自己曬的梅乾菜的味道跟你現在吃到的梅乾菜絕對不一樣，完全不一樣啊！高麗菜曬得很乾，要用時，泡了以後膨脹起來的感覺也不一樣，本省的梅乾菜吃起來的味道就是沒有高麗菜的香，而且用高麗菜做的梅乾菜來包包子，那真的是絕味，外面根本沒有人賣，光想到用梅乾高麗菜做成的包子，蒸了以後，包子裡的油透著梅乾菜一起散發出來，就那個香味，啊，真的不一樣！」屈里長眼中的梅乾高麗菜包子，大概是世界上最絕妙好味的肉包了！

梅乾高麗菜扣肉

材料		調味料	
特選塊狀五花肉	1 斤	醬油	3T
青江菜	1 斤	酒	3T
高麗菜乾	5 兩	糖	1T
蔥	2 支	味精	1/3t
薑	20 公克	胡椒粉	1/3t
		香油	2t
		太白粉水	適量

作 法

1. 豬肉煮至內部硬化（亦可油炸），取出修整切成薄片狀。
2. 高麗菜乾洗淨泡水 10 分鐘，擠去水分。
3. 青江菜以油水滾煮 20 秒，撈起備用。
4. 起油鍋，爆香蔥薑，嗆酒及醬油產生香味，加水適量，調味（不加味精），放入肉片小火燜燒 2 小時。
5. 另起油鍋，炒香蔥、薑，嗆酒及醬油產生香味，炒勻高麗菜乾備用。
6. 取扣碗，小心填入肉片，塞入高麗菜乾，淋入燒肉醬汁，入蒸鍋蒸 30 分鐘，瀝出醬汁，扣盤整型，圍上青江菜心。
7. 醬汁加熱再調味勾芡回淋扣肉上。

4.4.4　十香如意菜

令周爸爸感動落淚的什錦素菜

為了煮這道什錦素菜，周爸爸從昨天就開始備料，他仔仔細細的把十種素菜用十個盤子分開裝，然後每一樣食材分開炒，最後再把十種炒好的素菜放入同鍋炒。

周爸爸把熱騰騰的什錦素菜端上桌，夾了一口在我的碗中，他說：「我媽媽很會做菜，每年過年她至少會煮十道菜，其中一定會有這道什錦素菜，她的家鄉過年也做這道菜，這道菜就是一定要有十種以上的素菜，我很喜歡她做這道菜的味道，這道菜我在外面從沒吃過。」

每到過年，很多主官都要在部隊留守。有一年過年，當時擔任處長的周爸爸在部隊留守，一同留守的同事中有位隊長的媽媽和太太也一同到部隊過年，隊長的媽媽還特別炒了什錦素菜，「我夾起來吃了一口，一吃她的味道跟我媽炒得一模一樣，我當場就掉眼淚，就是媽媽的什錦素菜！」那年的農曆新年，因為有隊長媽媽的什錦素菜，所以周爸爸的年過得格外溫馨，減輕了無法回家與家人團聚的遺憾，尤其當時剛好周爸爸的母親移民在國外，所

以吃到什錦素菜的瞬間既感動又懷念。

「什錦素菜很多人在過年都會炒，尤其像我媽媽初一十五吃素，她一定都會炒盤什錦素菜，一大盤喔，是真的十樣素菜的喔，但是我們大家都吃，因為實在很好吃。現在我媽媽也教我太太炒，可是她就是炒不出那個味道啊！所以現在我自己也嘗試要來學做這道菜。」周爸爸說完，自己夾了一口什錦素菜往嘴裡送，一邊嚼一邊以篤定的語氣說：「這個味道還不賴，我跟你講，我煮的絕對比我太太煮得還好吃，真的，我不騙你！」說完，在座的人都跟著大笑起來。

也許，對周爸爸而言，「什錦素菜」就是一道充滿母性光輝的菜餚，看來樸實無華，卻總是使人溫暖回味。

十香如意菜（什錦素菜）

材料

材料		材料	
黃豆芽	4 兩	香菜	2 棵
紅蘿蔔絲	20 公克	紅辣椒絲	1 支
豆乾絲	4 片	薑絲	20 公克
香菇絲	3 朵	**調味料**	
木耳絲	1 片	酒	2t
筍絲	40 公克	鹽	2/3t
榨菜絲	20 公克	糖	1/2t
海帶絲	30 公克	味精	1/4t
金針菇	30 公克	胡椒粉	1/3t
芹菜	2 棵	香油	2t

作法

1. 海帶絲煮軟，榨菜絲燙煮後入冷水浸泡 20 分鐘去鹽度，將各種材料切成細絲，混合均勻。

2. 爆香薑絲，嗆酒香，備好調味料，放入材料及調味料，快速拌炒均勻即可起鍋。

 TIPS

傳統的十香如意菜是道素菜，若為葷食者，亦可加入蝦米、肉絲、蔥絲。此道作法採快速爆炒法；也有以炒法完成，即依序加入不同食材慢炒而成。

黃金茄盒子

　　如果家裡有庭院的眷村家庭常會在院子裡種些菜，茄子是最常見的一種。左鄰右舍常送來自家種的茄子，吃膩了紅燒茄子，那麼可以換換做法，就做茄盒子吧！

　　「藕盒」，又稱藕夾，在中國大陸的漢族家庭有些會在過年特別做藕盒子，買不起高單價的蓮藕，眷村居民就運用隨手可拾的食材，以茄子取代蓮藕做成茄盒子；與藕盒子相同的是，茄盒子同樣看起來親和，味道吃起來卻令人驚豔呢！

黃金茄盒子

材料		脆漿糊	
茄子	2 條	麵粉	1/2 杯
五花絞肉	3 兩	太白粉	1/2 杯
蔥末	20 公克	泡打粉	1T
薑末	20 公克	水	0.7 杯
調味料			（須斟酌濃度）
鹽	1/2t	沙拉油	5T
糖	1/3t		
味精	1/4t		
胡椒粉	1/3t		
香油	2t		
太白粉	2t		

作法

1. 前置作業：脆漿糊等材料混勻靜置約 15-20 分鐘。

2. 絞肉拌勻所有材料，茄子斜切雙飛片活頁夾，片片夾入約 8 公克餡料。

3. 起 170°C 油鍋，小火持溫，依序放入沾糊的茄餅，慢炸約 3 分鐘。

4. 撈起後，加高油溫至 180°C，大火熱油回鍋以去油上色搶酥。

拔絲地瓜

　　「拔絲」是種十分精緻的甜點作法，食用者要以筷子將製作好的甜點在糖漿的溫度尚未退卻前夾起食用，夾起時會因糖漿的濃稠而拉出一條條的細絲，看起來華麗而令人讚嘆！

　　在眷村偶爾會在年節或宴客時，以拔絲地瓜、拔絲芋頭等作為餐後甜點，小孩更視拔絲為一種表演絕技，充滿驚喜，百看不厭。

　　拔絲可運用的食材很多，這裡以最常見的在地食材——地瓜作示範。

同場加映：拔絲地瓜

材料		粉沾料	
地瓜	1 大個	麵粉	5T
香菜（切小段）	2 棵	雞蛋	1 個
黑白芝麻	10 公克	炸油	

作法

1. 地瓜切滾刀塊置鋼盆，撒入麵粉加入打散的雞蛋拌勻（若難拌動，加 1T 水以拌勻）。
2. 起 160°C 油鍋，小火持溫，依序放入地瓜，需能保持小火慢炸 5 分鐘至金黃上色而熟。
3. 備妥一碗或數碗冷（冰）水，瓷盤勻抹油脂。眾人備妥筷子。
4. 製作口訣是：半杯油，一杯糖，當糖完全被油溶解的點就是拔絲點！
5. 拔絲點達到，迅速倒入炸好的地瓜、香菜、黑白芝麻，拌勻並快速移置瓷盤出菜。
6. 趁熱時，夾起地瓜，沾水後食用。

二十四節氣食物

十一月 立冬|小雪 甘藷 番茄 楊桃 山藥	十二月 大雪|冬至 芋頭 旗魚 櫻花蝦	一月 小寒|大寒 大白菜 萵苣 柑橘	二月 立春|雨水 白蘿蔔 孟宗筍 芥菜 鮪魚
三月 驚蟄|春分 鳳梨 韭菜 土芒果	四月 清明|穀雨 牛蒡 蘆筍 香蕉	五月 立夏|小滿 桃子 瓠瓜 愛文芒果	六月 芒種|夏至 秋葵 淡菜 小卷 蘆筍
七月 小暑|大暑 西瓜 芹菜 蓮藕 荔枝	八月 立秋|處暑 梨子 絲瓜 蝦 金針	九月 白露|秋分 文旦柚 木瓜 高麗菜	十月 寒露|霜降 甜椒 碗豆 柳丁 鯧魚

國家圖書館出版品預行編目資料

中餐烹調——竹籬笆裡的飯菜香：充滿幸福溫度
的眷村菜／謝旭初、林芳琦、掌慶琳編著.--二
版.--高雄市：國立高雄餐旅大學，2020.11
　　面；　公分
ISBN 978-986-99592-0-9（平裝）
1.飲食風俗　2.眷村　3.食譜　4.臺灣
538.7833　　　　　　　　　　　109015031

1LA1 餐旅系列

中餐烹調—
竹籬笆裡的飯菜香
充滿幸福溫度的眷村菜

作　　者 ― 謝旭初、林芳琦、掌慶琳

出 版 者 ― 國立高雄餐旅大學（NKUHT Press）

發 行 人 ― 楊榮川

總 經 理 ― 楊士清

總 編 輯 ― 楊秀麗

副總編輯 ― 黃惠娟

責任編輯 ― 高雅婷

封面設計 ― 王麗娟

出版／發行：五南圖書出版股份有限公司

地　　址：106台北市大安區和平東路二段339號4樓

電　　話：(02)2705-5066　　傳　真：(02)2706-6100

網　　址：https://www.wunan.com.tw

電子郵件：chiefed7@wunan.com.tw

劃撥帳號：01068953

戶　　名：五南圖書出版股份有限公司

法律顧問　林勝安律師事務所　林勝安律師

出版日期　2015年12月初版一刷
　　　　　2016年 2 月初版二刷
　　　　　2020年11月二版一刷

定　　價　新臺幣330元

GPN：1010402738

本書經「國立高雄餐旅大學教學發展中心」學術審查通過出版